Was Eltern bewegt:

Umgang mit Medien

Kai Hugger | Mareike Hugger

W0194377

Klett | Kallmeyer

Inhalt

Liebe Leserinnen und Leser,
liebe Eltern,

wie die eigenen Kinder mit Medien umgehen (sollen), ist in vielen Familien das Streitthema Nr. 1. Bei kaum einem anderen Thema im Familienalltag gehen die Vorstellungen über richtiges und falsches Verhalten zwischen Eltern und Kindern so weit auseinander. Und bei kaum einem anderen Thema ist die Unsicherheit der Eltern größer als bei den Fragen, was gute und was schlechte Medienerziehung ist und wie Eltern auf die Medienvorlieben und -ängste ihrer Kinder reagieren sollen. Die Themenvielfalt ist dabei groß – einen wichtigen Ausschnitt daraus greift dieser Ratgeber mit den folgenden und anderen Fragen auf: Was mache ich, wenn mein Kind im Internet gemobbt wird? Soll ich meiner Tochter verbieten, sich im Fernsehen *Germany's next Topmodel* anzusehen, weil sie dort Teilnehmerin werden möchte? Wie muss ich vorgehen, wenn mein Kind private Daten im Internet hinterlassen hat? Können Kinder beim Computerspielen etwas lernen? Wie gehe ich damit um, wenn mein Sohn seine Zeit mit Ballerspielen verbringt? Können Kinder im Fernsehen überhaupt noch Realität und Fiktion unterscheiden? Wie kann ich verhindern, dass mein Kind durch Werbung im Internet zum passiven Konsumenten wird?

In diesem Ratgeber greifen wir diese Themen nicht nur anschaulich auf, wir bieten nicht nur praktische Ratschläge für Eltern, sondern wir liefern auch jeweils wissenschaftlich abgesicherte Hintergrundinformationen. Dieser Ratgeber will nicht belehrend wirken, sondern Eltern ermutigen, sich an den Bedürfnissen aller Familienmitglieder zu orientieren.

Ausgangspunkt aller Themen dieses Buches sind die Erfahrungen mit Medien, die heute für Kinder im Alter von fünf bis zwölf Jahren alltäglich sind. Gerade in dieser Altersspanne, die auch als Kernkindheit bezeichnet wird, haben Eltern ein *ambivalentes* Verhältnis zum Medienhandeln ihrer Kinder:

– Auf der einen Seite trauen sie ihnen etwas zu. Kinder gelten als „Digital Natives", also als erste Generation, die mit den digitalen Medien selbstverständlich aufwächst, die Computer, Internet und mobile Endgeräte souverän zu nutzen scheint. Kinder nutzen mittlerweile das Internet ebenso oft wie das Fernsehen, das Handy gehört für die Fünf- bis Zwölf-jährigen zum persönlichen Begleiter und soziale Netzwerke im Internet sind für Kinder ein alltäglicher Treffpunkt, um miteinander zu kommuni-zieren, sich zu informieren und die Identitätsbildung zu betreiben.

– Auf der anderen Seite sind Eltern eher skeptisch: Trotz aller ihnen zuge-sprochenen Medienkompetenz sind Kinder besonders schutzbedürftig. Zwar werden ihnen von den Eltern zunehmend Freiräume bezüglich der verschiedenen Medien zugestanden (alleine fernsehen, eigenes Handy etc.), zugleich gehen gerade Kinder mit Medien aber oft sehr unbedarft und unkritisch um: Das zeigt sich beispielsweise beim zu lockeren Um-gang mit persönlichen Daten bei Facebook & Co., das wird aber auch bei der Verwechslung von Fernsehwirklichkeit und realem Alltag bei Scripted-Reality-Formaten (zum Beispiel *Berlin – Tag und Nacht*) im Fern-sehen deutlich.

Kurz: Das Verhältnis von Eltern zum Medienverhalten ihrer Kinder bewegt sich heute mehr denn je im *Spannungsverhältnis von Kompetenzzuschrei-bung und Schutzbedürftigkeit*. Für das Familienleben resultiert daraus häu-fig ein Balanceakt: Wieviel autonomes Handeln mit Internet und mobilen Endgeräten kann ich meinem Kind schon zutrauen? In welchem Umfang ist elterliche Kontrolle des kindlichen Medienkonsums notwendig? Überfor-dere ich mein Kind, wenn es frei, das heißt, ohne elterliche Begleitung und Jugendschutzfilter, im Internet surft? Gefährde ich mein Kind in seiner Ent-wicklung, wenn ich ihm zutraue, einen Kinofilm anzuschauen, der gar nicht für sein Alter geeignet ist?

Dies zeigt, dass es Eltern in der Medienerziehung oft mit einem Dilemma zu tun haben, mit zwei Entscheidungsmöglichkeiten, die ihnen häufig gleich schlecht erscheinen. Ein Beispiel soll dies verdeutlichen: Für viele Eltern ist der oftmals zu sorglose Umgang ihrer Kinder mit persönlichen Daten in sozialen Netzwerken eine Zwickmühle. Würden sie sich nicht weiter mit der Datenschutzproblematik beschäftigen und ihre Kinder in sozialen Netzwerken und Communitys im Internet schalten und walten lassen, wie viele Kinder es gerne möchten, riskieren sie natürlich Probleme und Gefahren des Datenschutzes. Aber auch das Verbieten von sozialen Netzwerken scheint – zumindest bei älteren Kindern, für die zunehmend der eigene Freundeskreis wichtig ist – keine gute Alternative. Denn dann würden Eltern ihren Kindern eine wichtige Facette ihrer Entwicklung, die heute kaum noch ohne die digitalen Medien stattfindet, ein Stück weit verbauen.

Dieser Ratgeber hat es nicht immer mit medialen Zwickmühlen oder Dilemmata zu tun, in die Eltern oder Kinder verstrickt sind. Dennoch geht es in jedem Kapitel dieses Buches um schwierige Fragen und um Probleme, die sich für die meisten Eltern heute in der einen oder anderen Weise beim Umgang von Kindern mit Medien stellen. Medienpädagogische Patentrezepte gibt es dafür nicht. Aus diesem Grund geben wir zwar zu jedem geschilderten Ausgangsproblem einen *praktischen Ratschlag*, der Ihnen verschiedene Handlungsmöglichkeiten aufzeigt. Zugleich erhalten Sie von uns aber auch *Hintergrundinformationen*, die Sie befähigen sollen, ähnliche Fragen, die nicht der Ausgangsfrage entsprechen, für sich zu beantworten. Darüber hinaus nennen wir Ihnen in jedem Kapitel *weitere Informationsquellen*, mit deren Hilfe Sie Kenntnisse vertiefen und Empfehlungen für altersgerechte Medieninhalte finden können.

Bei der Konzeption dieses Buches haben wir nicht nur typische Themen und Fragen von Eltern berücksichtigt, sondern auch unsere eigenen Erfahrungen in Familie und Freundeskreis mit einfließen lassen. Wir hoffen, Ihnen damit einen Ratgeber an die Hand zu geben, der sich traut, einen Rat auszusprechen und dabei die Bedürfnisse aller Familienmitglieder zu berücksichtigen versucht. Wir gehen davon aus, dass Sie diesen Rat als *Vorschlag* sehen, wie man eine Situation lösen kann, und sich dann an die eigene Umsetzung – entsprechend Ihrer Situation und den Entwicklungsstand und die Besonderheiten Ihres Kindes beachtend – wagen. Denn Medienerziehung ist nach unserer Meinung ein immer wiederkehrendes Wagnis – das wissen wir selbst nur zu gut. Auch wir selbst suchen immer wieder nach Ideen, wie wir mit bestimmten Medien-Situationen in unserer Familie umgehen können. Als Eltern zweier Töchter – einem Kindergarten- und einem Grundschulkind – stoßen auch wir manchmal an unsere Grenzen und wünschen uns eine Hilfestellung. Dieser Elternratgeber kann sicher nicht alle elterlichen Fragen bezüglich der Medienerziehung von Kindern in der Familie ultimativ beantworten. Aber dennoch kann er Ihnen neue Betrachtungsweisen für verzwickte und schwierige Situationen und damit innovative Handlungsmöglichkeiten näher bringen.

KAI HUGGER und MAREIKE HUGGER
März 2014

Kinder können mit Medien kreativ sein. Dabei lernen sie, wie Medien gemacht werden und erlangen auf diese Weise Medienkompetenz.

Das Kapitel in Stichworten

✚ Medien ermöglichen Kindern neue Formen der Kreativität

✚ Eigenes Gestalten mit Medien ohne großen Aufwand

✚ Fachleute gefragt: Medienprojekte pädagogischer Einrichtungen

✚ Tipps im Netz für die kreative Medienarbeit mit Kindern

Ist es möglich, die Kreativität meines Kindes durch bestimmte Medien zu fördern?

Mein Sohn David (7) ist ein ganz kreativer Kopf. Dauernd erfindet er Geschichten, bastelt Pappkartonroboter oder malt verrückte Monster. Kann ich ihm auch etwas anbieten, das seine Kreativität mithilfe von Medien herausfordert?

Kreativität und Medien sind keine Gegensätze – im Gegenteil. Medien können Kreativität sogar fördern. Dies gilt auch für Kinder, die meist unbefangen und spielerisch gestalten. Für das fantasievolle Schaffen eigener Medienprodukte – vor allem für Hörspiel und Film, bei denen die einzelnen Szenen aufeinander aufbauen – ist aber etwas Planung erforderlich. Kinder benötigen daher hierbei mehr Unterstützung als bei anderen Medien. Überlegen Sie sich also zunächst: Wie stark können, müssen und wollen Sie Ihrem Kind bei seinen kreativen Medienprojekten helfen?

Die folgenden Beispiele zeigen, dass bereits eine relativ geringe technische Ausstattung einen guten Einstieg ermöglicht, damit Ihr Kind – eventuell auch zusammen mit Ihnen – Erfahrungen mit Medien sammeln kann. Dabei können Sie auswählen, welche Medien Sie verwenden möchten und wie schwierig Ihr Projekt sein soll. Loten Sie aus, was Ihr Kind besonders interessiert, und akzeptieren Sie, wenn Ihr Sohn kein oder derzeit noch kein Interesse daran hat, mit Medien kreativ zu sein!

Hörspiele oder Hörgeschichten selbst erzählen und herstellen (mit Computer / Laptop, MP3-Player oder dem „alten" Kassettenrecorder)

Kinder singen und musizieren gern und experimentieren auch freudig mit Sprache. Wer die Töne und Geschichten nicht nur live vorführen, sondern festhalten und bearbeiten möchte, muss sie aufnehmen. Da die meisten Haushalte, in denen Kinder leben, über einen Computer oder Laptop verfügen[1], bieten sich diese Geräte an, um ein **kleines Audio-Projekt** durchzuführen. Größere Kinder können das bereits schnell allein, kleinere Kinder benötigen die

---

[1] Vgl.: MPFS (2013): *KIM-Studie 2012. Kinder + Medien, Computer + Internet. Basisuntersuchung zum Medienumgang 6- bis 13-jähriger Kinder in Deutschland.* Stuttgart. ◄ **http://www.mpfs.de/fileadmin/ KIM-pdf12/KIM_2012.pdf** (Stand: 18.02.2014)

Hilfe der Eltern. Dazu brauchen Sie lediglich einen Computer/Laptop, Lautsprecherboxen für das Anhören der Aufnahme, ein externes Mikrofon oder Headset und eine Aufnahmesoftware, zum Beispiel das kostenlose Tonstudio *Audacity* (PC/Mac), mit dem sich das Audiomaterial einfach bearbeiten lässt.

Eine andere Möglichkeit zum unkomplizierten Aufnehmen **eigener Hörspiele oder Geschichten** bieten MP3-Player mit Diktierfunktion. Die Tondokumente können anschließend am Computer weiterverarbeitet werden (siehe oben). Schließlich bietet auch der „alte" Kassettenrekorder, den man heute immerhin noch in jedem zweiten Haushalt findet[2], eine gute Variante, damit Kinder einfache und kreative Hörspielexperimente ausprobieren können. Die Handhabung ist bei MP3-Player und Kassettenrecorder ganz einfach. Die Kinder müssen lediglich darauf achten, dass sie ihre Geschichten in der richtigen Reihenfolge aufnehmen, dann kann sogar das „Schneiden" des Tonmaterials entfallen. Kinder, die auf diese Weise schon ein- oder zweimal ein Hörspiel oder -buch erstellt haben, können schnell alleine mit der Aufnahmefunktion umgehen.[3]

Neben dem Ausdenken der Geschichte selbst finden es Kinder oft reizvoll auszuprobieren, welche Geräusche sie erzeugen können, um beispielsweise ein kettenrasselndes Gespenst oder ein herangaloppierendes Pferd plastischer zu gestalten. Dabei kommt es nicht darauf an, dass die Medienprodukte am Ende perfekt sind, sondern dass die Kinder Spaß dabei haben. Sie können zum Beispiel:

– eigene Folgen zu ihrer Lieblingshörspiel-Serie erfinden,
– eigene Fantasie- und Quatschgeschichten aufsprechen,
– Kinderlieder umgestalten und selbst neue Strophen zum Besten geben oder
– ihre Lieblingsgeschichte zum Hörbuch umgestalten.

Buchgeschichten und Fotostorys selbst herstellen (mit Foto- oder Handykamera, Computer, Scanner und Drucker, Smartphone, Tablet)

Wenn ein Kind gern Geschichten erfindet, weiterspinnt oder Quatschmärchen konstruiert, bietet es sich an, diese in **selbst gestalteten Büchern** fest-

---

[2] Ebd.
[3] Wenn in Ihrem Haushalt keine überspielbaren Altkassetten für den Kassettenrecorder vorhanden sind, erhalten Sie diese über verschiedene Technikhändler im Internet.

zuhalten. Dabei gibt es mehrere einfache Möglichkeiten, um Bilder und Texte zu kombinieren: Zum einen können Eltern selbstgemalte Bilder mithilfe des Computers einscannen und gemeinsam mit ihrem Kind mit Text versehen. Es empfiehlt sich dabei, das Querformat DIN A4 zu wählen, da dieses im Handumdrehen zu einem kleinen Buch zusammengetackert werden kann.

Eine weitere Möglichkeit ist aufwendiger, dafür wirkt das Ergebnis fast wie ein „echtes" Buch: Zuerst lichtet das Kind mithilfe einer digitalen Foto- oder der Handykamera wichtige Szenen oder Abschnitte seiner selbst ausgedachten Geschichte ab, zum Beispiel einzelne Bilder seiner Protagonisten. Dann lädt es diese – eventuell mit elterlicher Hilfe – auf dem Computer hoch. Nun kann das Kind zusammen mit einem Elternteil mittels der kostenlosen Software verschiedener Fotoanbieter **kleine Fotobücher** erstellen. Diese sind etwas größer als die bekannten Pixi-Bücher und können sogar mit Text versehen werden. Mit etwas zeitlichem und finanziellem Aufwand entstehen kleine Bücher, die man in die Hand nehmen und durchblättern kann, die schön aussehen und bei Bedarf (zum Beispiel als Geschenke für die Verwandschaft) vervielfältigt werden können.

Auch mit dem Smartphone und Tablet können bereits Kindergartenkinder zusammen mit ihren Eltern auf einfache Weise Geschichten erfinden: Eine gute Möglichkeit sind eigene **Fotostorys**, die zum Beispiel mit der App *COMIC Strip It!* (Android) erstellt werden können. Dazu werden eigene oder in einer Galerie ausgewählte Fotos mit Sprechblasen versehen und anschließend layoutet.

(Trick-)Filme selbst herstellen, Beispiel: Stop-Motion-Filme (mit Foto- oder Videokamera, Computer/Laptop, Smartphone, Tablet)

Um einen **eigenen kleinen** (Trick-)**Film** zu drehen, bei dem die einzelnen Bilder und Szenen zunächst einzeln verändert und dann hintereinander geschnitten werden (Stop-Motion-Technik), braucht ein Kind nicht viel mehr als wieder Protagonisten (Autos, Stofftiere, gebastelte Figuren usw.), eine Foto-, Smartphone-, Tablet- oder Videokamera und eventuell Zugang zum elterlichen Computer/Laptop. Und selbstredend: eine (kurze) Geschichte, die es erzählen will.

Steht diese fest, stellt das Kind die einzelnen Situationen oder Abschnitte der Geschichte vor einem schlichten Hintergrund mit den gewählten Protagonisten nach und filmt sie in kurzen Sequenzen mit der Foto- (mit Filmmodus) oder der Videokamera. Beim Erstellen der einzelnen Szenen können entweder das Kind oder der Erwachsene Geräusche und Texte einfach einsprechen, sodass Bild und Ton zusammen vorliegen. Sind die Kinder geübter, können sie die Filme zusätzlich noch mit Musik und Effekten aufpeppen. Anschließend wird die Szenerie für den nächsten Abschnitt verändert und wieder gefilmt. Nun werden alle Szenen auf dem Computer hochgeladen und verknüpft, unerwünschtes Material wird herausgeschnitten. Dazu benötigt man eine Schnittsoftware, die entweder kostenlos (zum Beispiel: *Movie Maker von Microsoft*) oder kostenpflichtig (zum Beispiel: *iMovie von Apple*) installiert werden muss.

Spezielle Apps ermöglichen es sogar, Stop-Motion-Filme allein mithilfe des Smartphones/Tablets herzustellen. Ein Beispiel ist die App *LEGO Movie Maker* (iOS), mit der die Bilder sowohl aufgenommen als auch vertont werden können.

Älteren Kindern gelingt es meist schnell, die notwendige Software bzw. Apps zu bedienen, bei jüngeren Kindern ist hier die Hilfe ihrer Eltern unentbehrlich. Das Zusammenfügen der aufgenommenen Szenen erfordert anschließend etwas Geduld, das Ergebnis ist dann ein erstes kleines Trickfilmexperiment.

Tipp

Wenn ein Kind Gefallen am kreativen Umgang mit verschiedenen Medien gefunden und beispielsweise schon einige Erfahrungen im Erstellen von kleinen Filmen gesammelt hat, kann irgendwann der Punkt erreicht sein, an dem die Eltern, was das Medienwissen angeht, passen müssen. In vielen Städten bieten pädagogische Einrichtungen außerhalb der Schule Medienworkshops, Seminare und Aktionen für Kinder an, in denen auch umfangreichere Medienprojekte umgesetzt werden können, wie etwa das Drehen eines eigenen Films von der Idee über das Storyboard, oder das Suchen von Drehorten bis hin zu Vertonung und Schnitt.

Im Internet gibt es zahlreiche Angebote, die empfehlenswert sind für die kreative Medienarbeit mit Kindern.

Infoseiten im Netz für Kinder

Hörspiele, Hörbücher, Geräuschcollagen finden Kinder bei „Audiyou". Das ist Deutschlands erste kostenlose „Audiothek": Sie hält Audiodateien wie beispielsweise Fieldrecordings (natürliche Klanglandschaften), Atmos (akustische Hintergrundbilder), einzelne Geräusche und Tierstimmen von über 100 verschiedenen Tieren zum Herunterladen für eigene Hörspiele etc. bereit. Darüber hinaus gibt sie Tipps zum Erstellen von Hörspielen etc. ◀ **www.audiyou.de** (Stand: 18.02.2014)

Interessante Informationen zum Thema „Fotos" gibt es bei „Kamerakinder", einem Fotoportal, das sich explizit an Kinder von sechs bis zwölf Jahren richtet. Neben vielen Tipps und Hinweisen auf kostenlose Bildbearbeitungssoftware wird beispielsweise über Fotoaktionen berichtet. Darüber hinaus werden Fotowettbewerbe ausgeschrieben und es gibt Links und Materialien zur Fotoarbeit mit Kindern für Eltern. ◀ **www.kamerakinder.de** (Stand: 18.02.2014)

Um Videos, Clips und Trickfilme dreht es sich bei der medienpädagogischen Kinder-Video-Plattform „juki". Sie bietet neben einem Lexikon zu Begriffen aus der Welt der digitalen Medien auch ein Trickstudio, in dem Kinder erste kleine Trickfilme mit dem dort angebotenen Material ganz einfach selbst erstellen können. ◀ **www.juki.de** (Stand: 18.02.2014)

Weiterführende Informationen

Die Website „Medienpädagogik Praxis" stellt in der Rubrik „Praxis-Projekte" medienpädagogische Aktionen vor, die in unterschiedlichen Institutionen (u. a. KiTas und Grundschulen) durchgeführt wurden. Aus diesen Aktionen – wie etwa dem Hörspiel-„Geschichtenkoffer" oder dem digitalen Daumenkino – lassen sich wunderbar Ideen für die Umsetzung zu Hause abgucken. ◀ **www.medienpaedagogik-praxis.de** (Stand: 18.02.2014)

Medientipp für Kinder

Das Buch von Macaulay / Ardley führt u. a. aus, wie Spiegelreflexkamera, Filmkamera, Computer, Internet und Handy funktionieren. Obwohl die Stichworte „Smartphone" und „Tablet" nicht enthalten sind, bietet es mit seinen gehaltvollen Texten vor allem älteren Kindern einen guten Zugang zum Verständnis von wichtigen technischen Geräten:

Macaulay, David / Ardley, Neil (2005): *Das große Mammut-Buch der Technik.* Dorling Kindersley, München.

Hörmedien faszinieren auch schon jüngere Kinder, weil sie durch diese in ganz andere Welten eintauchen können.

Das Kapitel in Stichworten

✚ Die Länge der Hörmediennutzung auf das Alter der Kinder abstimmen

✚ Nicht jeden Tag eine neue CD! Kinder brauchen Wiederholungen

✚ Warum Hörmedien bei jüngeren Kindern eine besondere Rolle spielen

✚ Wo Eltern Informationen über gute Hörmedien finden

Kann es eigentlich auch sein, dass Kinder zu viel Hörmedien hören und dass ihnen dies schadet?

Mein Sohn Max (5) spricht neuerdings fast nur noch über Geschichten aus Hörspielen und Hörbüchern, wenn er aus der KiTa kommt. Fast jeden Tag hören die Kinder dort neue CDs, die verschiedene Kinder mitbringen. Seine Rückfragen zum Inhalt kann ich natürlich nicht beantworten. Ich habe den Eindruck, dass dieser Umfang der Hörmediennutzung zu viel für ihn ist. Kann das sein?

Ihr Sohn scheint mit dem Überangebot an Hörspiel-CDs und der Flut an Eindrücken nahezu überfordert zu sein. Vermutlich gilt das für die anderen Kinder auch, denn eigentlich sollte im Kindergartenalter die tägliche Hörzeit für CDs eine halbe bis dreiviertel Stunde nicht übersteigen. Der von Ihnen genannte Umfang der Hörmediennutzung in der KiTa Ihres Sohnes widerspricht dieser Empfehlung wahrscheinlich deutlich. Viele Hörbücher und Hörspiele für diese Altersgruppe sind auf eine dreiviertel Stunde angelegt, Sie können also hochrechnen, welche Hörzeiten da zusammenkommen. Diese Zeitspannen fordern Kinder in ihrer Konzentrationsfähigkeit sehr, auch wenn die Geschichten durch Lieder und anderes aufgelockert werden. Zudem wird Ihr Sohn Hörmedien sicher auch zu Hause nutzen, dadurch erhöht sich die Gesamtnutzungszeit weiter. Dabei nehmen Kinder im Alter von fünf oder sechs Jahren eher den „groben" Ablauf der Handlung wahr, die genaue Dramaturgie können sie erst viel später nacherzählen. Ihre Aufmerksamkeit wird von Details gefesselt, sodass es sein kann, dass sie sich für manche Szenen sehr lange interessieren, zum Beispiel für einen kleinen Streit oder ein Erfolgserlebnis des Protagonisten. Dieses gezielte Interesse entspricht ihren Alltags- und Entwicklungsthemen.

Tipp

Wenn Ihr Kind offensichtlich eine „Überdosis" an Hörmedien erfahren hat: Helfen Sie ihm, seine Eindrücke zu sortieren. Lassen Sie sich von ihm erzählen, an was es sich erinnert, oder malen Sie gemeinsam ein Bild zu dem Gehörten. Oder Sie nehmen zusammen Teile der Geschichte(n) selbst auf (siehe: „Grundlegende Tipps", Nr. 7, Seite 124 f.). Dann können Sie zusammen überlegen, warum eine Figur wohl etwas gesagt oder getan hat und was anschließend passiert sein könnte. Oft erinnern sich Kinder so wieder an mehr Einzelheiten und können diese wie ein Puzzle zusammensetzen. Gleichzeitig erfahren Sie im Gespräch, was Ihr Kind an dieser Geschichte fasziniert hat und welche Themen es spannend findet. Wenn Sie zu dem Schluss kommen, dass eine bestimmte Geschichte Ihr Kind nicht loslässt, dann leihen Sie sich die CD aus und hören Sie diese mehrmals gemeinsam. Gehen Sie dann wieder wie oben beschrieben vor – dieses Vorgehen und Ihre Nähe werden Ihrem Kind bei der Bearbeitung helfen.

Auch wenn man davon ausgehen kann, dass Kindergartenkindern eine tägliche Hörzeit von etwa einer halben bis dreiviertel Stunde nicht schadet, ist davon abzuraten, dass ein Kind täglich neue Geschichten anhört. Kinder dieses Alters brauchen die Wiederholung, um die Geschichte selbst, aber auch ihre Details wahrzunehmen und zu verstehen sowie Unklarheiten und (zu) spannende Stellen für sich zu be- und verarbeiten. Kinder im Grundschulalter können hingegen schon längere Hörbücher usw. nutzen – hier sollte die Konzentrationsfähigkeit der Kinder selbst und die gemeinsam verabredete tägliche Mediennutzungszeit den zeitlichen Rahmen setzen (siehe: „Grundlegende Tipps", Nr. 1, Seite 122, und Nr. 6, Seite 124).
Sprechen Sie das Thema „Hörmedien" in der KiTa an. Bitten Sie darum, dass die Hörmediennutzung begrenzt und der Wiederholung von Geschichten größerer Raum beigemessen wird. Weisen Sie dazu auf den Stellenwert von Wiederholungen hin, damit die Kinder ihre Eindrücke auch verarbeiten können und diese nicht kontextlos bleiben. Sprechen Sie die Erzieherinnen außerdem darauf an, dass es wichtig ist, die Kinder bei der Be- und Verarbeitung der Audioinhalte pädagogisch zu begleiten.
Initiieren Sie zusammen mit der KiTa-Leitung und den Erzieherinnen einen Elternabend zum Thema „Hörmediennutzung im Kindergarten und zu Hause". Dieser könnte dazu dienen, einen intensiven Austausch zwischen Erzieherinnen und Eltern anzustoßen.

Hintergrund

Hörmedien gelten nach dem Bilderbuch als das zweite Medium der Kinder. Sie haben wie Bücher insofern einen besonderen Stellenwert, als sie zum einen vielen Kindern in ihrem Zimmer frei zugänglich zur Verfügung stehen. Zum andern sprechen Hörmedien Kinder in ihren Hauptbedürfnissen und Möglichkeiten an, weil sie ein körperbezogenes Erleben von Musik und Geschichten, ein auf den Hörsinn fokussiertes Erfahren der Welt sowie Freiraum für Fantasie ermöglichen. Die Kinder können abtauchen in Geschichten, „voll dabei sein" und „mitgehen", wenn sie zusammen mit ihren kleinen Helden die Welt erkunden. Das Gehörte „geht unter die Haut" – denn Hören ist einer unserer wichtigsten Sinne und eng mit Emotionen verbunden. Das Hören ermöglicht uns, etwas wahrzunehmen, das weit entfernt ist oder das sich hinter oder neben uns ereignet. Und das sogar im Schlaf. Darüber hinaus ist es die Grundvoraussetzung für die zwischenmenschliche Kommunikation.[4]

Bei Kindern ist der Hörsinn besonders dominant, da sie in den ersten Jahren ihre Umwelt vor allem durch ihn – stärker als durch den Sehsinn – erkunden und dadurch auch ein Verhältnis zu sich selbst und den sie umgebenden Dingen und Menschen entwickeln. So verwundert es nicht, dass Hörmedien in der Nutzungshäufigkeit im Tagesverlauf einen hervorgehobenen Platz bei Kindern dieses Alters einnehmen. Da die Hörfähigkeit jedoch erst mit fünf, sechs Jahren voll ausgereift ist und sich Kinder zudem mit vielen unterschiedlichen Entwicklungsaufgaben auseinandersetzen müssen, variiert auch die Art und Weise, wie sie Hörmedien in der Vor- und Grundschulzeit nutzen, erheblich. Für Kinder ist das Miterleben von Geschichten zentral, die ihnen Welterfahrung anbieten und Handlungsmöglichkeiten aufzeigen, dabei aber – durch das Fehlen von Bildern – viel Raum für die eigene Bebilderung und Perspektivübernahme lassen.

Inhaltlich wählen Kinder bei Hörmedien vor allem Kinderlieder, Fantasie- und Abenteuergeschichten, die sie immer wieder hören wollen. Sie nutzen die verschiedenen Inhalte zur Unterhaltung, Spannung und Ablenkung. Entsprechend möchten Kinder diese Geschichten auch besitzen, damit sie darauf zugreifen können. Viele Kinder verfügen heute über eine große Auswahl an eigenen Hörmedien, die sie gezielt nutzen, um bestimmte Stimmungen zu verstärken oder abzufangen. Dafür müssen diese Medien verfügbar und damit auch inhaltlich verlässlich sein, das heißt, den Erwartungen entsprechen.

---

[4] Wilkening, Friedrich / Krist, Horst: *Entwicklung der Wahrnehmung und Motorik*. In: Oerter, Rolf / Montada, Leo (Hrsg.): *Entwicklungspsychologie*. 5., vollständig überarbeitete Auflage, Beltz PVU, Weinheim 2002, Seiten 395 – 417.

Neben Hörbüchern oder Hörspielen sind Kinderlieder oder einfache Musik-stücke eine beliebte Möglichkeit zur Selbst- und Welterkundung, die – ganz dem Bedürfnis des Alters entsprechend – über die Bewegung mit der Musik und damit im Raum einhergeht. Gleichzeitig fördert das Nachsingen ein-facher Lieder den sprachlichen Ausdruck und das Sprachgefühl im Bezug etwa auf Rhythmus, Pausen und Tonlagen und erweitert den Wortschatz. Entsprechend zeigen bekannte Studien zum Mediengebrauch von Kindern konstant auf, dass neben den Hörbüchern und -spielen das Musikhören eine wichtige Rolle für Kinder spielt[5].

Wenn im Kinderzimmer *Der kleine Drache Kokosnuss* oder *Prinzessin Lillifee* herumfliegt, *Yakari* mit *Bibi und Tina* um die Wette galoppiert, entspricht dies nicht immer den inhaltlichen Wünschen der Eltern. Kinder haben je-doch ganz eigene Vorlieben, die sich von denen der Erwachsenen unter-scheiden. Insgesamt treten geschlechtsspezifische Vorlieben genauso zutage wie eher schlichte Handlungen mit Happy End und schwarz-weiß gezeichnete Figuren, womit der Mainstream auf diesem Markt schon ge-kennzeichnet ist. Nach anspruchsvollen, vielschichtigen Geschichten und Helden muss man suchen, zumal eine gute Umsetzung für die jungen Hörer deutlich schwieriger zu bewerkstelligen ist als für ältere Kinder. Doch es gibt sie und sie können Kindern neben den Alltagsproblemen auch bei schwie-rigen Themen helfen, sich mit diesen auseinanderzusetzen (siehe: „Weiter-führende Informationen").

Auch wenn Eltern von der Erkennungsmelodie eines kleinen Helden ge-nervt sein können, so problematisieren sie die Inhalte von Hörmedien eher selten. Im Vergleich zu Fernsehen und Internet werden Hörmedien durch Eltern weniger bis kaum reglementiert. Streit gibt es eher wegen der Laut-stärke, der Länge der Nutzung oder wenn die Kinder nebenbei etwas tun, für das sich die Eltern einen anderen Rahmen vorstellen, wie etwa Hausauf-gaben erledigen. In der Wahrnehmung vieler Eltern führen die Hörmedien insgesamt eher ein Schattendasein, da sie als „unproblematisches Beschäf-tigungsmedium" gesehen werden, das keine hervorgehobene Wertschät-zung – wie etwa das Buch – erfährt[6]. Trotzdem sollte man – übertragen for-

[5]   Vgl.: MPFS (2013): *KIM-Studie 2012. Kinder + Medien, Computer + Internet. Basisuntersuchung zum Medienumgang 6- bis 13-jähriger Kinder in Deutschland.* Stuttgart. ⚐ http://www.mpfs.de/fileadmin/ KIM-pdf12/KIM_2012.pdf (Stand: 18.02.2014)

[6]   Treumann, Klaus Peter u. a. (1995): *Mit den Ohren sehen. Die Tonkassette – ein verkanntes Medium.* AJZ-Druck & Verlag, Bielefeld.

muliert – im Ohr behalten, welche Inhalte sich die Kinder vereinnahmen, da dieses Medium für die jüngeren Kinder ja einen besonderen Stellenwert hat (siehe oben).

Zusammenfassend lässt sich sagen, dass Hörmedien für Kinder:
- einen Freiraum bedeuten, da Kinder hier eigene Bedürfnisse und Interessen stärker durchsetzen können als bei anderen Medien;
- Kommunikationsansprüche erfüllen, weil sie Unterhaltung bieten und Tagträumen einen größeren Freiraum geben, als etwa das Fernsehen;
- Emotionen bzw. Stimmungen herstellen oder unterstützen können;
- eine Möglichkeit bieten, sich gegenüber der Umwelt abzugrenzen und Eigenständigkeit (bezüglich der Nutzung und der Inhalte) zu zeigen;
- durch ihre Verfügbarkeit erlauben, gezielt zur Herstellung von Geborgenheit und Verlässlichkeit eingesetzt zu werden;
- eine sozialisierende Funktion haben, da sie CDs gemeinsam mit Freunden hören können;
- Anlässe bieten, mit Eltern und Freunden über Inhalte zu sprechen oder sich gegenseitig CDs auszuleihen. Ein solcher Austausch dient auch der Verstärkung von Beziehungen zwischen Kindern, da sie Gemeinsamkeiten und Gesprächsstoffe schaffen.

Weiterführende Informationen
Auf der Website der „Stiftung MedienKompetenz Forum Südwest" (MKFS) finden Sie in der Rubrik „Töne für Kinder" eine Datenbank mit Hörmedien für Kinder im Alter von drei Jahren bis zum Jugendalter, die eine nach Themen und Altersgruppen umfangreiche Trefferliste bietet sowie Rezensionen von aktuellen und vergriffenen Hörtiteln enthält. ⚹ **www.ohrenspitzer.de/** (Stand: 18.02.2014)
Aus einer Zusammenarbeit der Stiftung Zuhören mit dem Institut für angewandte Kindermedienforschung (IfaK) ist ein nicht mehr ganz aktuelles, aber beachtliches Archiv mit Hörspielbesprechungen entstanden. Unter der Rubrik „CD des Monats" finden sich Besprechungen, die neben einer detaillierten Inhaltsangabe auch „Ideen für die Umsetzung" in der pädagogischen Arbeit zu den Themen der CDs (etwa Patchworkfamilie, Scheidung, Begegnung mit anderen Kulturen, Tod) beinhalten. ⚹ **www.hdm-stuttgart.de/ifak/cd_des_monats/archiv/** (Stand: 18.02.2014)
Das Projekt Auditorix einer Landesmedienanstalt und der Initiative Hören hat sich zum Ziel gesteckt, qualitativ hochwertige Kinderhörbücher erkennbar zu machen und Orientierung auf dem Kinderhörbuchmarkt anzubieten. ⚹ **www.auditorix.de/** (Stand: 18.02.2014)

© Miredi – Fotolia.com

Nicht nur Jungen, auch Mädchen möchten tapfer, mutig und stark sein. Für sie ist es schwieriger als für Jungen, sich die entsprechenden Rollenvorbilder zu suchen.

Das Kapitel in Stichworten
+ Was Kinder an bestimmten Figuren faszinierend finden
+ Elterliche Unterstützung bei der Suche nach Identifikationsfiguren
+ Kinder übernehmen und verändern Medienfiguren
+ In diesen Medien finden Mädchen weibliche Identifikationsfiguren

Soll ich Ritter, Piraten und andere wilde Kerle aus dem Kinderzimmer meiner Tochter verbannen?

Meine Tochter Elsa (7) interessiert sich seit fast einem Jahr vor allem für Jungenthemen. Ritter, Piraten und andere wilde Kerle, die sie bei ihrem großen Bruder erbeutet hat, „tummeln" sich in ihrem Kinderzimmer. Erst hab ich sie ja gelassen, denn sie war nie so ein rosa Prinzessinnen-Mädchen, auch wenn sie immer noch gerne mit ihrer Puppe spielt. Aber jetzt will sie auch keine Mädchenkleidung mehr tragen. Das geht doch zu weit, oder? Wie ist diese Entwicklung meines Kindes einzuschätzen?

Bevor Sie alle Ritter, Piraten und andere männlichen Helden aus dem Zimmer ihrer Tochter verbannen, sollten sie diese eingehend betrachten: Was zeichnet diese Figuren aus? Was haben sie gemeinsam? Davon ausgehend können Sie Vermutungen formulieren, warum Ihre Tochter sich mit diesen Figuren beschäftigt. Eine könnte lauten, dass sie Figuren sucht, die Stärke zeigen und Probleme anpacken. In den Büchern des großen Bruders werden dies vorrangig Jungen sein, dann wären diese Figuren also eine eher zufällige Wahl. Vielleicht versucht Ihre Tochter aber auch durch ihr Interesse an Jungenthemen, gezielt Anerkennung bei Freunden oder dem großen Bruder zu finden. Oder: Ihre Tochter ist fasziniert von Magie und Zauberei, wie viele Kinder in diesem Alter. Die einen suchen diese bei Feen und Hexen, andere finden dies in den Geschichten von Piraten und Rittern, in denen es reichlich magische Elemente (Drachen, magische Schwerter usw.) gibt.

Hier ließen sich noch weitere Vermutungen formulieren, jedoch hilft an dieser Stelle nur die direkte Kommunikation mit Ihrer Tochter weiter: Sie sollten zunächst klären, was sie in den Figuren sieht (siehe: „Grundlegende Tipps", Nr. 3 und 7, Seiten 122 f. und 124 f.). Welche Eigenschaften und Attribute bewundert Ihre Tochter, und welche hätte sie auch gerne? Welche Eigenschaften lehnt sie ab? Eltern haben oft geschlechtstypische Erwartungen an ihre Kinder, die aber gerade im Alter Ihrer Tochter mit den Attributen der Geschlechter flexibler umgehen als zuvor und etwas ausprobieren.

Es steht zu vermuten, dass bei Ihrer Tochter nicht die Kategorie „männlich" im Vordergrund steht, sondern dass es die *Eigenschaften* der Figuren sind, die sie faszinieren: Es geht dabei nicht um sexuelle Identität, sondern um die Auseinandersetzung mit der eigenen Geschlechterrolle und um deren Ausdifferenzierung. Denn eine dauerhafte sexuelle Orientierung entwickelt sich erst zu Beginn der Pubertät, etwa ab dem zwölften Lebensjahr. Wenn Sie sich dahingehend Sorgen gemacht haben, können Sie ganz beruhigt sein: Umweltfaktoren spielen bei der Ausprägung der sexuellen Orientierung kaum eine Rolle, sondern eher entscheiden genetische, neurologische und biologische Dispositionen über die Ausrichtung.[7]

Da anzunehmen ist, dass Ihr Kind Identifikationsfiguren sucht, empfiehlt sich folgendes Vorgehen Ihrerseits: Bieten Sie Ihrer Tochter Medienfiguren an, die differenziert gezeichnet sind und ebenso Schwäche wie Stärke ausdrücken. Drängen Sie Ihr keine „rosafarbenen" Mädchenfiguren auf. Führen Sie stattdessen facettenreiche männliche und weibliche Figuren ein, die Ängste erleben und an Erlebnissen wachsen.

Hintergrund

Im Alltag erleben Kinder oft ein Machtgefälle zwischen sich und den Erwachsenen sowie immer wieder Ohnmachtsgefühle: Sie sind die Kleinen, die Großen bestimmen und haben letztlich das Sagen. Kinderfiguren – egal, ob im Buch, Film oder Hörspiel – dienen Kindern entweder als Spiegel ihrer Träume und Wünsche oder sie haben – wie der kleine, tollpatschige Antiheld – genauso kleine oder große Schwächen, wie sie die Kinder auch von sich selbst kennen. Kinderfiguren und kleine Helden können helfen, eigene Schwächen anzunehmen und an ihnen zu wachsen, wenn sie auf liebenswürdige Weise gezeigt werden oder sich in eine Stärke verwandeln lassen. Und sie nehmen Kinder mit, in kleine und große Abenteuer, egal, ob diese in fremden Ländern oder vor der Haustür zu bestehen sind.

Wichtig ist für Kinder die Gewissheit, dass es nach spannenden Etappen immer ein Happy End für die Hauptfigur gibt. Das ist etwas, was Kinder bereits aus Märchen kennen. Das bekannte Erzählschema beginnt mit dem Aufbruch ins Unbekannte und geht über die Auseinandersetzung, die gemeistert wird, bis zur freudigen Heimkehr. Dieser bekannte Ablauf gibt Kindern Sicherheit, um mit den Ängsten, Verunsicherungen und auch Aggressionen, die eine Geschichte hervorrufen kann, umzugehen. Gleichzeitig sind diese Emotionen wichtige Entwicklungsmoto-

---

[7] Vgl. Trautner, Hanns Martin: *Entwicklung der Geschlechtsidentität*. In: Oerter, Rolf / Montada, Leo (Hrsg.): *Entwicklungspsychologie*. 5., vollständig überarbeite Auflage, Beltz PVU, 2002, Seiten 648–674.

ren. Ihr Erleben wird benötigt, um Selbstbewusstsein und Autonomie gegenüber den Erwachsenen zu erlangen. Dabei ist es nicht mit einem einzigen Aha-Erlebnis getan, Kinder müssen dieses Erlebnis und Gefühl öfter haben. Geschichten (mit-)erleben heißt für sie: Neues erfahren und Veränderung ermöglichen. Diese Veränderung ist nötig, damit sie ihre Eigenständigkeit und Ich-Identität ausformen können.

Zur Ich-Identität gehört auch die Frage, welche Eigenschaften ein Mädchen haben kann und haben möchte. Während sich Kinder in der Vorschulzeit an kulturelle Geschlechtsrollenstandards annähern und diese recht starr wahrnehmen und zuordnen, werden Geschlechtsstereotype mit Beginn der Grundschulzeit flexibler.[8] Die Kinder entwickeln eine differenziertere Wahrnehmung von dem, was ein Mann und was oder wie eine Frau ist. Sie bemerken, dass geschlechtstypische Merkmale innerhalb eines Geschlechts variieren können, dass es etwa einen körperlich schwachen Mann geben kann. Dazu gehört auch, dass sie Gemeinsamkeiten zwischen den Geschlechtern erkennen und akzeptieren lernen. Gleichzeitig steigt während der sogenannten mittleren Kindheit die Akzeptanz der Kinder gegenüber bis dato als geschlechtsuntypisch abgelehnten Aktivitäten. Es ergibt sich in diesem Alter also ein Freiraum, in dem Kinder Aspekte ihrer Identität ausprobieren können. Dies kann auch symbolisch geschehen, indem sie mit ihren Medienhelden zusammen in Geschichten „auf Probe" handeln.

Während Eltern und pädagogisch Tätige immer wieder die Befürchtung äußern, dass Kinder die Medienfiguren kritiklos übernehmen, hat die Medienforschung längst belegt, dass Kinder ihre Helden nicht nur anders wahrnehmen, als wir es tun. Sie betonen auch andere Eigenschaften als Erwachsene und bewerten diese zum Teil anders.[9] Darüber hinaus werden die Figuren von Kindern mit der Rezeption nicht fraglos und schlicht übernommen, sondern vielmehr nach eigenen Wünschen und Vorstellungen noch weiter ausgestaltet. Kinder konstruieren sich ihre Identifikationsfiguren also selbst bzw. füllen ihnen sympathische Figuren mit weiteren Charakteristika auf. Ein weiterer Schutz gegen die Übernahme von unerwünschten Vorbil-

---

[8] Ebd.
[9] Theunert, Helga / Schorb, Bernd: *Kindliche Rezeptionswünsche und Programmwirklichkeit – Wichtige Ergebnisse und Konsequenzen.* In: Dies. (Hrsg.): *Begleiter der Kindheit.* BLM-Schriften, München, 1996, Seiten 207 – 214.

dern ist, dass auch Kinder die zu grob dargestellten, schwarz-weiß gezeichneten Figuren, die immer siegenden Helden und gleichen Handlungsabläufe schnell langweilig und unattraktiv finden. Trotz der ausschmückenden Fantasie von Kindern sollten Kindermedien differenzierte Figuren anbieten, vielschichtige Identifikationsfiguren, die auch Rückschläge erleben, eigene Schwächen akzeptieren und positiv mit Ambivalenzen umgehen.

Das Angebot an weiblichen Identifikationsfiguren in Kinderfilm und Fernsehen war bis Ende der 1990er-Jahre recht eingeschränkt, die Darstellungen waren dominiert von typischem Rollenverhalten, althergebrachten Erziehungsmustern und versehen mit nur einigen wenigen akzeptablen Vorbildern für Mädchen (etwa: *Pippi Langstrumpf* oder *Die rote Zora*).[10] Doch in diesem Bereich hat sich in den letzten 15 Jahren einiges getan: Mädchenfiguren, die typische Rollenerwartungen aufbrechen oder sich gegen Zuordnungen wehren, indem sie vor allem erst einmal sie selbst sind, lassen sich finden – Mädchen, die Stärke beweisen, ohne deshalb wie Jungen auftreten zu müssen.

Fokus

Die folgenden drei Filme seien beispielhaft vorgestellt für die Altersgruppe der acht- bis zehnjährigen Kinder: Sie präsentieren gewitzte Mädchen, die den oben genannten Ansprüchen an vielfältige Identifikationsfiguren entsprechen:

– *Kletter Ida* (Dänemark 2002), FSK 6, empfohlen ab 10 Jahren:
  Die zwölfjährige Ida ist ein toughes Mädchen, für die Free-Climbing das Größte ist. Als die Krankenkasse eine lebenswichtige Operation für den Vater nicht bezahlen will, beschließt sie, ihre Kletterkünste zu nutzen und in eine Bank einzubrechen. Dafür weiß sie auch geschickt die Talente und Zuneigungen zweier Freunde einzusetzen.
– *Whale Rider* (Neuseeland / Deutschland 2002), FSK 6, empfohlen ab 8 Jahren: Das zwölfjährige Mädchen Pai hat alle Fähigkeiten, die das alte Stammesoberhaupt von einem zukünftigen Anführer erwar-

---

[10] Vgl.: Ewald, Silke: *Bube-Dame-Joker: Was bin ich? Kinder konstruieren sich ihre Identifikationsfiguren im Fernsehen.* In: von Gottberg, Joachim / Mikos, Lothar / Wiedemann, Dieter (Hrsg.): *Kinder an die Fernbedienung. Konzepte und Kontroversen zum Kinderfilm und Kinderfernsehen.* Vistas, Berlin 1997, Seiten 311–315.

tet, nur ist sie eben kein Junge. Mit viel Einfallsreichtum, Herz und Durchhaltevermögen schafft es Pai trotz Niederlagen und Zurückweisung am Ende doch, den Großvater zur Einsicht zu bringen.

- *Hände weg von Mississippi* (Deutschland 2007), FSK 0, empfohlen ab 8 Jahren: Die zehnjährige Emma verbringt die Sommerferien bei ihrer Oma auf dem Land und kommt überraschend zu einem Pferd. Doch das will ihr ein undurchsichtiger Erwachsener mit allen Mitteln wieder abnehmen. Dass da etwas faul ist, bemerken Emma und ihre Freunde gleich und verteidigen das Pferd mit Raffinesse und Einfallsreichtum.

Es ist durchaus möglich, dass Mädchen, wenn sie Bücher, Filme oder andere Medien angeboten bekommen, in denen starke Mädchen dargestellt werden, diese erst mal zur Seite legen, eventuell noch mit einer verächtlichen Bemerkung. In diesen Fällen empfiehlt es sich, starke Mädchenfiguren über Nebenfiguren einzuführen. Hier lässt sich ein Anschluss an die bisherigen thematischen Interessen des Kindes finden. Ein Beispiel zur Illustration ist die Buchreihe *Der kleine Ritter Trenk*[11]. Die Hauptfigur ist ein Bauernjunge in der Ritterzeit, der sich gegen Ungerechtigkeit und Ständeordnung auflehnt und Ritter werden will. Die weibliche Nebenfigur ist die Rittertochter Thekla, die so gar nicht nur „Mädchenkram" machen (zum Beispiel Suppe kochen, Harfe spielen), sondern ebenfalls gerne Ritter werden möchte. Sie ist mutig, gewitzt, tatkräftig und lässt sich auch von Erwachsenen nicht so leicht beeindrucken. Zusammen bestehen die beiden viele Abenteuer und merken, dass sie ein gutes Team sind. Darüber hinaus stellen sie fest, dass es nicht darauf ankommt, was man werden *soll*, sondern was man werden *will*.

Weiterführende Informationen

Auf dem Kinderfilmportal des Kinder- und Jugendfilmzentrums in Deutschland (KJF) kann man Filme nach pädagogisch empfohlenen Altersgruppen (4, 5, 6, 8, 10, 12, 14, 16, 18 Jahren) oder nach Themen, wie etwa Rollenbilder, suchen. ⚔ **www.top-videonews.de/** (Stand: 20.03.2014)

Die Stiftung Lesen hält auf ihrer Seite Leseempfehlungen vor, in denen zum Beispiel nach Thema, Alter und Lesetyp (Vielleser, Lesemuffel) gesucht werden kann. ⚔ **www.stiftunglesen.de** (Stand: 20.03.2014)

---

[11] Kirsten Boie (2006): *Der kleine Ritter Trenk.* Oetinger, Hamburg.

Kinder lieben gemeinsame Kinobesuche mit ihren Eltern. Wenn der Film alters- und interessengerecht ausgesucht ist, können sie ein solches Event richtig genießen.

Das Kapitel in Stichworten

✚ Gemeinsamer Kinobesuch: den Film bereits zu Hause auswählen

✚ Altersfreigaben sind keine pädagogischen Empfehlungen

✚ Staatliche Institutionen zur Kontrolle von jugendgefährdenden Inhalten

✚ Die Parental-Guidance-Regelung

Soll ich standhaft bleiben oder kann ich die Altersfreigaben auch mal großzügig auslegen?

An der Kinokasse gibt es immer wieder die gleiche Diskussion: Meine Tochter Amelie (10) möchte in einen Film gehen, der laut FSK erst ab zwölf Jahren freigegeben ist, obwohl ich der Meinung bin, dass dieser nicht für sie geeignet ist. Dann bettelt sie unermüdlich: „Alle anderen in meiner Klasse gehen da doch auch rein." Wir geraten deshalb inzwischen bei jedem Kinobesuch regelrecht aneinander. Ist es richtig, wenn ich bei meiner Meinung bleibe?

Den Ausspruch „Alle anderen dürfen das auch!" kennen wohl die meisten Eltern, ebenso wie das Unbehagen, das für sie damit verbunden ist. Ihre Frage schneidet gleich mehrere wichtige Aspekte an.

In der beschriebenen Situation an der Kinokasse sollten Sie an Ihrer Meinung festhalten, denn Sie haben Ihr Kind, dessen Reife, Entwicklungsstand und Möglichkeiten am besten im Blick – nicht „alle anderen". Kinder und Heranwachsende testen mit solchen und anderen Aussagen auch, ob ihre Eltern bei ihrer Meinung bleiben. Ihr Kind wird möglicherweise immer wieder einen Gleichaltrigen vorbringen können, der viel mehr darf, als Sie es ihm erlauben. Für die Einschätzung, ob ein bestimmter Film für Ihre Tochter geeignet ist, ist dies aber ein allzu beliebiges Argument.

In der akuten Situation, in der die Kassiererin an der Kinokasse wissen will, welcher Film es denn nun sein soll, geraten Sie durch den plötzlichen Sinneswandel Ihrer Tochter natürlich unter Handlungsdruck – vor allem, wenn sich hinter Ihnen bereits eine meuternde Warteschlange gebildet hat. Unter diesen Bedingungen eine klare Entscheidung zu treffen, ist oft schwierig. Wenn eine solche Situation schon mehrfach vorgekommen ist, sollten Sie ab jetzt die Regel festlegen, dass Sie sich bereits zu Hause mit Ihrer Tochter verbindlich abstimmen über den Kinofilm, in den Sie zusammen gehen möchten. Denn die von Ihnen geschilderte Situation verweist ja auch darauf, dass es offensichtlich einen Bedarf an stärkerem Austausch über Ihre eigenen Vorstellungen und die Ihrer Tochter bei der Auswahl eines Films gibt. Nehmen Sie sich also vorher gemeinsam Zeit dafür und nutzen Sie die öffentlich verfügbaren Auswahlhilfen für Filme, die für Kinder und Jugendliche geeignet sind. Dazu gehören natürlich auch das gemeinsame Anschauen des Trailers und das Lesen von Rezensionen. Dies kann Ihnen bereits die Entscheidung erleichtern, ob ein Film etwas für Ihr Kind ist – egal, ob er ab

4

sechs oder zwölf Jahren freigegeben ist. Dazu gibt es in Deutschland gute Filmportale, die auch pädagogische Empfehlungen enthalten und deutlich mehr Informationen bieten als der typische Kinoflyer (siehe: „Weiterführende Informationen").

Natürlich müssen Sie am Ende selbst entscheiden, ob ein Film für den Entwicklungsstand Ihrer Tochter geeignet ist, der hinsichtlich der FSK-Empfehlung nicht ihrem Alter entspricht. Bedenken Sie aber bitte, dass es sich bei den Altersfreigaben nicht um pädagogische Empfehlungen handelt, sondern lediglich um eine Einschätzung, die größeren seelischen Schaden von Kindern fernhalten soll. Eine fundierte pädagogische Einschätzung hingegen geben zuständige Institutionen wie etwa das Kinder- und Jugendfilmzentrum in Deutschland (KJF, siehe: „Weiterführende Informationen"), auf dessen Internetseite Sie auch Informationen zu aktuellen Filmen finden.

Hintergrund

Der Jugendschutz stellt in Deutschland eine verfassungsrechtliche Aufgabe dar, die jedoch – aufgrund der eigenen Geschichte – ohne staatliche Zensur stattfindet. Trotzdem ist der Staat in der Pflicht, für Kontrollinstanzen zu sorgen, und schafft deshalb (die Grundlagen für) eine Vielzahl an Institutionen, welche mit der Kontrolle von potenziell jugendgefährdenden Medieninhalten beauftragt sind. Zu diesen Organisationen und Institutionen zählen neben der „Kommission für Jugendmedienschutz" (KJM) auch die „Bundesprüfstelle für jugendgefährdende Medien" (BPjM) sowie Selbstkontrolleinrichtungen der Medienwirtschaft (Stichwort: „regulierte Selbstkontrolle"). Hierzu zählen die „Freiwillige Selbstkontrolle der Filmwirtschaft" (FSK) und die „Freiwillige Selbstkontrolle Fernsehen" (FSF). Diese müssen sich, wie die anderen Akteure auch, an den Rahmen für den Jugendschutz in Deutschland halten, der vor allem durch das Jugendschutzgesetz (JuSchG) des Bundes und den Jugendmedien-Staatsvertrag (JMStV) der Länder vorgegeben ist.

Die „Freiwillige Selbstkontrolle der Filmwirtschaft" (FSK) ist die älteste Jugendschutzeinrichtung in Deutschland und erstellt heute auf der Grundlage des § 14 Jugendschutzgesetzes (JuSchG) Gutachten für die Freigabe von Filmen, DVDs und anderen sogenannten Bildträgern, die veröffentlicht werden sollen. Diese Gutachten werden von ehrenamtlichen Prüfern, die aus unterschiedlichen gesellschaftlichen Bereichen und Berufsgruppen kommen, auf der Grundlage des Jugendmedienschutzgesetzes und der Prüfgrundsätze der FSK ausgesprochen. Einen festgelegten Prüfkatalog gibt es hierzu nicht, sondern die Kommission stellt sich die Frage, ob bestimmte Inhalte oder Szenen entwicklungsbeeinträchtigend für Kinder und Jugendliche sein können. Gleichzeitig gilt es, die auch für Kinder geltende Meinungs- und Informationsfreiheit zu wahren.

Filmproduzenten kommen nicht umhin, der FSK ihre Filme zur Prüfung vorzulegen, da ein Film *ohne* FSK-Gutachten Personen unter 18 Jahren nicht vorgeführt werden darf. Die Altersstufen der Prüfsiegel lauten: „Freigegeben ab 0 Jahren" (früher: Freigegeben ohne Altersbeschränkung, FSK 0), „Freigegeben ab 6 Jahren" (FSK 6), „Freigegeben ab 12 Jahren" (FSK 12), „Freigegeben ab 16 Jahren" (FSK 16) und „Keine Jugendfreigabe" (früher: Freigegeben ab 18 Jahren, FSK 18). Diese Alterseinteilung orientiert sich an der ersten – eher pragmatisch ausgesuchten – Stufung aus den Anfängen des Kinos und ist nicht aufgrund von kindlichen Entwicklungsstufen gewählt worden. In der Öffentlichkeit gibt es deshalb immer wieder Debatten darüber, ob diese Einteilung nicht einer Änderung bedarf, etwa, indem die Altersspanne zwischen sechs und 16 Jahren in vier oder mehr Stufen gegliedert wird.

Altersfreigaben sind in regelmäßigen Abständen Anlass zu Diskussionen in der Öffentlichkeit, insbesondere das Siegel „Freigegeben ab 12 Jahren" wird immer wieder kritisch infrage gestellt. Auf der einen Seite verweist dann die deutsche Filmwirtschaft auf eine der systematischsten Regelungen zur Freigabe von Filmen und Fernsehsendungen in ganz Europa, auf der anderen Seite kritisieren Eltern und pädagogisch Tätige die Grundlagen dieser Entscheidungen und deren Tragfähigkeit.

So wurde etwa der Film *Harry Potter und die Kammer des Schreckens* in Deutschland im Jahr 2002 vom Verleih der FSK in einer gekürzten Fassung vorgelegt, um eine Freigabe ab sechs Jahren zu erreichen, weil man auf diese Weise ein entsprechend größeres Publikum erreichen wollte. Während der Film in anderen europäischen Ländern nur für Jugendliche freigegeben war, bekam er hierzulande trotz einer düsteren Grundstimmung das begehrte FSK-6-Siegel. Darüber hinaus entzündete sich an diesem Film eine lebhafte

Diskussion über die Wünsche der Kinobesucher, die ihren Ausdruck auch in der Regelung der neu eingeführten Elternbegleitung („Parental-Guidance-Regelung") im Kino fand.

Die **Parental-Guidance-Regelung** (Elternbegleitung) wurde nach angelsächsischem Vorbild seit 2003 in das Jugendschutzgesetz eingefügt. Sie besagt, dass Kinder ab sechs Jahren in Begleitung einer *personensorgeberechtigten Person* (den Eltern oder einem Vormund) einen Film mit der Altersfreigabe FSK 12 sehen dürfen. Grundlage hierfür ist § 11 Abschnitt 2 des Jugendschutzgesetzes (JuSchG), welches den jüngeren Kindern die Möglichkeit einer „Anwesenheit bei öffentlichen Filmveranstaltungen" (ebd.) zuspricht.

Der Gesetzgeber geht dabei davon aus, dass es einem Kind in der konkreten Situation hilft, wenn es einen Film gemeinsam mit einem Elternteil erleben kann. Zudem stehen die Eltern natürlich auch nach dem Filmvergnügen für Fragen zur Verfügung und können dem Kind auf diese Weise knifflige Szenen durch Erklärungen näher bringen und ihm bei der Be- und Verarbeitung helfen. Dennoch sollten Eltern jenseits der gesetzlichen Möglichkeiten und der Altersfreigaben bedenken, dass sie allein die wichtigsten Akteure sind, wenn es um den Jugendschutz für ihr Kind geht. Und das heißt: *Sie* müssen entscheiden, ob ihr Kind wirklich den Entwicklungsstand und die Kompetenzen aufweist, um zum Beispiel als Sechs- oder Zehnjähriger einen Film mit der Altersfreigabe FSK 12 positiv erleben zu können. Die Autoren dieses Buches stehen der eingeführten Regelung der Elternbegleitung sehr skeptisch gegenüber, da sie der Meinung sind, dass sich auch ein gemeinsamer Filmbesuch mit der Familie an den Möglichkeiten und Bedürfnissen der jüngsten Familienmitglieder orientieren sollte.

An diesem Beispiel zeigt sich eine wichtige Aufgabe des Jugendschutzes: Die durch einzelne Freigaben oder Filme ausgelöste gesellschaftliche Debatte um Inhalte und Altersfreigaben dient dazu, dass die Öffentlichkeit immer wieder verhandelt, was sie den in ihr aufwachsenden Kindern und Jugendlichen zumuten will und wo sie Gefährdungen wahrnimmt. Hierdurch vergewissert sich eine Gesellschaft zugleich ihrer eigenen Werte und stellt diese in den Kontext aktueller Entwicklungen.

Weiterführende Informationen

Das Kinder- und Jugendfilmzentrum in Deutschland (KJF) bietet Familien zwei wertvolle Informationsquellen: Die *Top-Videonews* widmen sich DVDs und bieten neben einer detaillierten Beschreibung von über 6.000 Titeln auch eine medienpädagogische Altersempfehlung, die meist deutlich von der der FSK abweicht. In der *Kinderfilmwelt* können sich sechs- bis zwölfjährige Kinder selbst über aktuelle (Kinder- und Familien-)Filme im Kino und auf DVD informieren. ✄ **www.kjf. de/de/filmempfehlungen.html** (Stand: 26.03.2014)

Die deutsche Film- und Medienbewertung (FBW) bietet auf ihrer Internetseite Beschreibungen und Empfehlungen für alle Genres und Altersgruppen in einem Archiv, das mehr als 26.000 Filme aus den letzten 20 Jahren ausweist. Zudem geben Jurybegründungen Auskunft darüber, warum ein Film das Prädikat „besonders wertvoll" erhalten hat. ✄ **www.fbw-filmbewertung.com/kinderfilme** (Stand: 26.03.2014)

Medientipp für Kinder

Als einen unterhaltenden Zugang, um zu erfahren, wie ein Kinofilm entsteht, empfehlen wir die Dokumentation auf DVD: *„Willi wills wissen – Wie kommt der Film ins Kino? – Das Making of"* (2009) mit dem aus dem Fernsehen bekannten Reporter Willi Weitzel.

4

Für große und kleine Kinder ist Fernsehen eine beliebte Beschäftigung,
wenn es mal nichts zu tun gibt oder das Essen noch nicht fertig ist.

Das Kapitel in Stichworten
+ Wie man das Fernsehen als „Pausenfüller" nutzen kann
+ Fernsehen: eher ältere Kinder unter-, als die Jüngeren überfordern
+ Alternative „Pausenfüller" gemeinsam mit den Kindern finden
+ TV als „Babysitter" nur mit bereits bekannten Inhalten nutzen

Ist es in Ordnung, wenn ich die Kinder fernsehen lasse, um selbst eine Verschnaufpause zu bekommen?

Wenn ich von der Arbeit komme und meine beiden Kinder Josh (5) und Johanna (8) von KiTa und Schule abgeholt habe, lasse ich die zwei erstmal eine halbe Stunde fernsehen. Ich brauche diese Verschnaufpause, bevor wir mit dem Nachmittagsprogramm loslegen können. Das ist pädagogisch bestimmt total verwerflich, oder?

Nein, es ist nicht verwerflich, das Fernsehprogramm auch mal als „Pausen-füller" einzusetzen. Hier kommt es – wie so oft – auf das Wieviel, Was und Wie an. Aber wenn Sie das täglich so machen und bestimmte Rahmenbe-dingungen nicht beachten, ist dieses Vorgehen nicht unproblematisch, vor allem wegen der Fülle an unterschiedlichen Inhalten, mit denen Ihre Kinder im laufenden Fernsehprogramm konfrontiert werden könnten. Was also sollten Sie beachten?

Zuerst einmal sollten Sie mit Ihren Kindern besprechen, dass Sie – und wohl auch die Kinder – eine Verschnaufpause zwischen Vor- und Nachmittags-programm benötigen, und zusammen mit ihnen diese „Pause für alle" als festen Bestandteil des Tages festlegen. Denn wenn dies allen klar ist, kön-nen sie auch gemeinsam die Regeln für die Pause bestimmen, wie etwa: „Mama hat eine halbe Stunde für sich allein" und „Die Kinder dürfen ein Medium als Pausenfüller nutzen oder sich ruhig mit etwas anderem be-schäftigen".

Dann einfach das Kinderprogramm einzuschalten, ist dagegen keine gute Idee, da die Kinder dort zum einen täglich mit neuen und anderen Inhal-ten konfrontiert sind. Zum anderen wissen Sie auf diese Weise nicht genau, was sie gesehen haben. Sie können auch nicht auf Rückfragen der beiden zu den Sendungen antworten. Da Ihre Kinder außerdem einen deutlichen Altersabstand haben, dürfte es Ihnen sowieso schwer fallen, ein Programm zu finden, das das ältere Kind nicht langweilt und das jüngere nicht ständig überfordert.

Für eine überschaubare Verschnaufpause von etwa einer halben Stunde empfiehlt es sich deshalb, Ihren Kindern bekannte Kinder-Serien auf DVD (oder von der Festplatte Ihres DVD-Rekorders) anzubieten. Hier können Sie gemeinsam mit den beiden nach deren Interessen ein oder zwei Se-rien auswählen, die beide ansprechen können. Dies gibt Ihnen auch die

Möglichkeit, die jeweiligen Folgen gezielt auszusuchen, entweder, indem Sie die Beschreibungen dazu lesen oder sich die Folgen vorher (im Schnelldurchlauf) anschauen. Falls Ihnen dabei Folgen auffallen, die nicht für sie geeignet sind, dann sagen Sie Ihren Kindern, dass Sie nicht möchten, dass sie die entsprechende Folge sehen, und warum. Bei der Auswahl gilt: Eher das ältere Kind unterfordern, als das jüngere überfordern. Die Großen nutzen auch gerne mal nicht so anspruchsvolle Inhalte, um abzuschalten und zu entspannen.

Darüber hinaus sollten Sie noch in eine andere Richtung denken: Vielleicht gibt es ja auch andere „mediale Pausenfüller", welche die Kinder getrennt nutzen können, die eher dem jeweiligen Alter und Interesse entsprechen (Bücher, Hörspiele, Lieder- und Traumreisen-CDs etc.) und ihnen trotzdem eine Pause verschaffen. Dies käme gleichzeitig den wechselnden Bedürfnissen der Kinder entgegen. Denn an dem einem Tag mögen sie Unterhaltung und spannende Inhalte, am nächsten Bekanntes und Entspannung. Überlegen Sie, was Ihren Kindern liegen könnte, und erweitern Sie somit die „medialen Pausenfüller". Auf der einen Seite werden Sie bestimmt im Kinderzimmer einiges entdecken, das sich ebenfalls als Pausenfüller nutzen lässt (Musik-CDs, Bücher usw.). Achten Sie aber darauf, dass die Fülle an Figuren und Themen nicht zu groß wird. Unserer Erfahrung nach ist es besser, lieber weniger verschiedene Figuren anzubieten, dafür aber mehr Geschichten zu den einzelnen Protagonisten, denn Kinder müssen sich in die jeweiligen „Welten" der Figuren einfinden (siehe: „Grundlegende Tipps", Nr. 5, Seite 123 f.). Da ist es einfacher, eine neue Geschichte in einem bekannten Zusammenhang zu verstehen. Auch eine Handlung in verschiedenen Medien (beispielsweise Hörbuch, DVD, Buch) zu erleben, ist für viele Kinder reizvoll.

Hintergrund

Kinder setzen Medien im Tagesablauf häufig als Pausenfüller ein. Wenn zum Beispiel die Freundin nach Hause gegangen, aber das Abendbrot noch nicht fertig ist, wird noch ein Hörspiel oder eine Musikkassette gehört. Oft konzentrieren sich die Kinder dann nicht vorwiegend auf den Medieninhalt, sondern machen gleichzeitig etwas anderes, das ihre Aufmerksamkeit bindet, wie etwa Malen oder Aufräumen. Man spricht dann von einem „Nebenbei-Medium".

Nicht empfehlenswert ist es jedoch, Medien – insbesondere Fernsehen – als „Babysitter" einzusetzen, sodass die Kinder eine längere Zeit unbekannte Inhalte unbegleitet anschauen. Eine solche Situation widerspricht dem wünschenswerten Umgang mit Medien und ihren Inhalten in der Altersgruppe der Kindergarten- und Grundschulkinder (siehe: „Grundlegende Tipps", Nr. 3 – 5, Seiten 122 – 124). Erst älteren Kindern und Jugendlichen kann man eine solche Situation zumuten. Wenn Eltern dennoch einmal gezwungen sind, für längere Zeiträume (mehr als 30 Minuten) einen „medialen Babysitter" einzusetzen, dann sollten die gezeigten Filme auf jeden Fall Inhalte haben, die die Familie bereits gemeinsam gesehen hat. So können Eltern, obwohl sie etwas anderes tun, anschließend mit den Kindern darüber sprechen oder sie bei schwierigen Situationen dennoch zeitweise begleiten.

Natürlich wäre es eine gute Alternative, wenn sich Kinder während einer solchen Verschnaufpause mit Malen, Spielen oder einer Runde Fußball beschäftigen könnten. Wenn Eltern die räumlichen Möglichkeiten und ein Kind haben, das sich so selbst beschäftigen kann, ist das prima. Ein Teil der Kinder schafft es jedoch nicht, sich nach dem „vollen Programm" in Kindergarten oder Schule selbst zu regulieren, zu wissen: Das tut mir jetzt gut. Kinder müssen dies ausprobieren dürfen, dafür brauchen sie Freiraum und Zeit. Zumal der eine Pausenfüller an einem Tag genau richtig und am nächsten nicht passend sein kann, je nach den aktuellen Bedürfnissen eines Kindes. Deshalb ist es gut, verschiedene – mediale und nicht-mediale – Pausenfüller parat zu haben, um eine erholsame Verschnaufpause für alle zu gestalten.

Weiterführende Informationen

Der folgende Link führt zur Ausgabe „Fernsehen in der Familie" der Online-Zeitschrift TELEVIZION des Internationalen Zentralinstituts für das Jugend- und Bildungsfernsehen. In dieser Ausgabe sind eher informative Beiträge von Wissenschaftlern zusammengestellt, die beleuchten, welchen Stellenwert Fernsehen heute in deutschen Familien hat. ⚐ **www.br-online.de/jugend/izi/deutsch/publikation/televizion/22_2009_1.htm** (Stand: 14.03.2014)

© djedzura – Fotolia.com

Kinder sehen gerne fern. Wenn aber jüngere Kinder neue Filme sehen, ohne dass ein Erwachsener dabei ist, der ihnen auch mal eine Situation erklärt oder den Fernseher ausschaltet, kann sie das überfordern.

Das Kapitel in Stichworten
+ Fernsehen: ein häufiges Streitthema zwischen Großeltern und Eltern
+ Klare Absprachen treffen, Alternativen anbieten
+ Nicht alles im Kinderprogramm ist für jüngere Kinder geeignet
+ Die wichtigste Instanz des Jugendmedienschutzes sind die Eltern

Wie reagiere ich darauf, dass mein Kind bei den Großeltern immer viel zu lange fernsehen darf?

Wenn mein Sohn (6) bei den Großeltern übernachtet, nutzen meine Eltern das Kinderprogramm am Sonntagmorgen, um länger schlafen zu können. Da sitzt Nick dann schon mal weit über eine Stunde alleine vor dem Fernseher. Meine Eltern nehmen meine Bedenken nicht ernst, da Nick ja das Kinderprogramm der öffentlich-rechtlichen Sender sehe. Ich finde die Situation trotzdem nicht gut. Was raten Sie mir?

Mit Ihrer Frage sprechen Sie ein häufiges Konfliktthema zwischen den Generationen an, da oft ein unterschiedlicher Umgang mit Medien sowie verschiedene Einschätzungen dazu bestehen. Die heutige Elterngeneration muss sich viel stärker um die Medienerlebnisse ihrer Kinder kümmern, als das ihre eigenen Eltern taten, da die Lebenswelt heute von Medien durchdrungen ist. Auch hat die Vielfalt und Menge von Kindermedien ein Maß angenommen, das für den Einzelnen fast unüberschaubar ist. Zudem hat sich die Sicht auf Kinder selbst verändert und entsprechend sind auch Erziehungsstile und -ziele andere geworden. Gerade deshalb sind klare Absprachen zwischen Eltern und Großeltern zum Medienverhalten wichtig.

Deshalb raten wir Ihnen: Besprechen Sie die Nutzungsweise des Fernsehens mit den Großeltern, ohne Ihren Sohn. Sie sollten Ihre Vorstellungen und Regeln klar formulieren und negative Erfahrungen von Nick beispielhaft erzählen, um die Großeltern zu sensibilisieren. Ein Kind im Alter Ihres Sohnes sollte nur dann alleine Fernsehen schauen dürfen, wenn es die Inhalte bereits kennt oder diese später ein weiteres Mal ansehen kann (vgl.: „Grundlegende Tipps", Nr. 4, Seite 123). Auch ein gemeinsamer Blick in das Fernsehprogramm am Sonntagmorgen kann hilfreich sein, um die geeigneten Kindersendungen kenntlich zu machen. Im Grunde müssen Sie ein Stück Fernseh-Aufklärung betreiben, indem Sie Ihren Eltern mithilfe der Beschreibung einzelner Folgen aufzeigen, mit welchen Eindrücken Ihr Sohn konfrontiert werden kann und dass das Kinderprogramm kein Freifahrtschein für alle Sendungen ist. Vielmehr sollte es um eine *gezielte* Auswahl aus dem Programmangebot für Ihr Kind gehen.

„Kinderprogramm" bedeutet nicht automatisch, dass alle Serien, die dort gezeigt werden, für Ihren Sohn geeignet sein müssen (vgl.: „Hintergrund"). Um dies besser zu beurteilen: Schauen Sie sich gemeinsam die Empfehlungen der medienpädagogischen Elternzeitschriften FLIMMO an (vgl.: „Weiterführende Informationen"), um einzuschätzen, ob Sendungen im Kinderprogramm altersgerecht sind. Noch besser können Sie dies beurteilen, wenn Sie vor dem Fernsehgenuss die Beschreibungen der einzelnen Folgen einer Kinderserie durchlesen, wie es etwa von *daserste.de* angeboten wird, beispielsweise für die Zeichentrickserie *Yakari*. Legen Sie anschließend fest, welche Serien bzw. Folgen Ihr Kind sehen darf und welche nicht.

Bieten Sie den Großeltern Alternativen an, indem sie ihnen etwa eine DVD mit Folgen der Lieblingssendung Ihres Kindes mitgeben, die Sie für geeignet halten. Dadurch besteht für Sie die Möglichkeit, den TV-Konsum zu steuern, die Großeltern können länger schlafen und Ihr Sohn kann Fernsehen schauen. Zudem ist es möglich, dass er die Folgen mit Ihnen zusammen noch einmal sieht (vgl.: „Grundlegende Tipps", Nr. 5 und 6, Seiten 123 f.).

Hintergrund

Ob eine Sendung im Kinderprogramm des Fernsehens laufen darf, ist auch eine Frage der Jugendmedienschutzbestimmungen. Die Umsetzung des Jugendschutzes im Fernsehen steht dabei in einem Spannungsverhältnis: Zum einen darf keine Zensur ausgesprochen werden, zum anderen gilt es, Kinder und Jugendliche vor Einflüssen zu schützen, die sie daran hindern könnten, sich zu „einer eigenverantwortlichen und gemeinschaftsfähigen Persönlichkeit" (Jugendmedienschutz-Staatsvertrag, § 5 Abs. 4) zu entwickeln. Zum Dritten gibt es ein Interesse der Allgemeinheit an Unterhaltung und Information sowie das Interesse der Medienwirtschaft, ihre Produkte an den Konsumenten zu bringen.

Um in diesem Spannungsverhältnis Jugendmedienschutz realisieren zu können, kommt drei Instanzen eine besondere Verantwortung zu:

1. den Fernsehsendern: Sendungen, die „eine entwicklungsbeeinträchtigende Wirkung (...) auf Kinder und Jugendliche" (ebd.) haben können, dürfen nur zu Sendezeiten ausgestrahlt werden, bei denen davon auszugehen ist, dass Kinder nicht mehr oder nur unter der Aufsicht der Eltern vor dem Fernseher sitzen. Die sogenannten *Sendezeitgrenzen* sollen hierbei eine Entsprechung zu den Altersfreigaben im Kino schaffen, da eine Regulierung im privaten Raum sonst nicht zu realisieren wäre. So sollen Spielfilme mit der FSK-Freigabe ab 12 Jahren im Fernsehen erst ab 20 Uhr, mit der Freigabe ab 16 Jahren

dürfen sie erst ab 22 Uhr und mit der Freigabe ab 18 Jahren erst ab 23 Uhr gesendet werden;

2. den Eltern: Ihnen kommt eine besonders große Verantwortung zu, indem sie darauf achten müssen, wann ihre Kinder fernsehen;

3. der Freiwilligen Selbstkontrolle Fernsehen (FSF): Bei der FSF handelt es sich um eine Selbstkontrolleinrichtung der privaten Fernsehanbieter. Sie prüft die Inhalte der Fernsehsendungen auf die Einhaltung der Jugendschutzbestimmungen. Ist dies nicht der Fall, werden sie nur für spätere Sendezeitschienen freigegeben.

Wenn Kinder regelmäßig zum Beispiel bei den Großeltern übernachten, können ihre Eltern ihnen auch einen dem Alter ihres Kindes angepassten „Sonntagmorgen-Rucksack" mitgeben, in dem ein neues Buch, die Lieblings-CD (mit kleinem Abspielgerät), Spielzeugautos oder eine kleine Puppe, Block, Farben und vielleicht ein paar Kekse eingepackt sind. Auch so lässt sich die Wartezeit, bis die Großeltern wach sind, verkürzen.

Weiterführende Informationen

Diese Website bietet eine Orientierung über das Programm der elf bei Kindern beliebtesten Fernsehsender. Eltern können einzelne Sender und Tage auswählen und erhalten eine Einschätzung, ob bestimmte Sendungen für Kinder geeignet und ob sie für die Altersgruppen von drei bis sechs, sieben bis zehn und elf bis 13 Jahre reizvoll sind: ✐ **www.flimmo.tv** (Stand: 23.03.2014)

Diese Seite bietet Informationen zu den aktuellen Kindersendungen auf „Das Erste" und enthält zudem bereits ausgestrahlte Folgen einiger Kinderserien als Video in der Mediathek: ✐ **www.daserste.de/checkeins** (Stand: 23.03.2014)

Das ZDF hat übrigens eine ähnlich aufgebaute Internetseite: ✐ **www.tivi.de** (Stand: 23.03.2014)

Diese Internetseite stellt nicht nur das aktuelle Programm des „Ki.KA" vor, sondern enthält auch Rätsel, Ausmalbilder oder kleine Computerspiele zu den einzelnen Sendungen. Alle Angebote sind in die Altersgruppen „ab 3 Jahren", „ab 6 Jahren" und „ab 10 Jahren" eingeteilt: ✐ **www.kika.de** (Stand: 23.03.2014)

6

© asife – Fotolia.com

Die Körpersprache lässt bei vielen Kindern deutlich erkennen, ob Fernsehbilder sie ängstigen oder verstören.

Das Kapitel in Stichworten
- ✚ Wie Kinder Angst auslösende Medienereignisse bewältigen können
- ✚ Kindernachrichten
- ✚ Was gute Nachrichtensendungen für Kinder auszeichnet
- ✚ Warum ein Fernsehverbot für Nachrichten nicht sinnvoll ist

Wie kann ich meinem Kind helfen, Angst auslösende Medienereignisse zu bewältigen?

Mein Sohn Alexander (8) hat in den Fernsehnachrichten die Bilder vom Absturz eines Flugzeugs gesehen, bei dem es viele Tote gab. Seither scheint er mir deshalb etwas verängstigt zu sein. Es wundert mich, dass er nun so viel wie möglich im Fernsehen über den Flugzeugabsturz sehen möchte. Wie soll ich damit umgehen?

Kinder werden unfreiwillig oder zufällig immer wieder mal mit Katastrophenbildern und Gewaltszenen in Medien konfrontiert. Das wird sich im Alltag nie ganz vermeiden lassen. Sie können Ihren Sohn in solchen Fällen aber auf verschiedene Weise unterstützen.

Dabei haben Sie selbst es zunächst mit einem pädagogischen Dilemma zu tun: Auf der einen Seite sollte Kindern das Tor zu Nachrichten in der Welt geöffnet werden. Andererseits gibt es den verständlichen elterlichen Wunsch, das eigene Kind vor Angst auslösenden Fernsehinhalten zu beschützen. Wie können Sie sich trotz dieses Dilemmas pädagogisch sinnvoll verhalten?

Um die Ereignisse in den Nachrichten besser verstehen und einordnen zu können, möchten Kinder Informationen bekommen. Deshalb: Gehen Sie auf das Informationsbedürfnis Ihres Sohnes ein. Unterstützen Sie ihn dabei, mehr über den Flugzeugabsturz zu erfahren, auch wenn bei dieser Katastrophe viele Menschen gestorben sind. Dafür ist es am besten, wenn er spezielle Kindernachrichtensendungen im Fernsehen oder im Internet schaut, weil diese kindgerecht aufbereitet sind: *logo!* (ZDF) und *neuneinhalb* (ARD).

Sehen Sie die Kindernachrichtensendungen in jedem Fall zusammen mit Ihrem Sohn an und bereiten Sie sich auf seine Nachfragen vor. Denn nicht nur die Nachrichten und Berichte im Fernsehen sind bedeutsam, um das Informationsbedürfnis Ihres Sohnes stillen zu können, sondern natürlich sind bei Krisen und Katastrophen auch die Eltern eine der wichtigsten Informationsquellen. Bei jüngeren Kindern sind die Eltern die ersten Ansprechpartner, bei älteren Kindern werden zunehmend auch Fernsehen, Radio, Internet und natürlich auch Geschwister und Freunde relevante Auskunftsquellen.

Versuchen Sie nicht, Ihr Kind von der Berichterstattung über negative Ereignisse im Fernsehen fernzuhalten. Da Unfälle und Naturkatastrophen mit zu unserem Alltag gehören, müssen Kinder damit umgehen lernen.

Wenn Ihr Kind verunsichert oder ängstlich ist: Schaffen Sie Situationen, die Vertrauen und Nähe herstellen, zum Beispiel, indem Sie durch Nachfragen auf seine Ängste eingehen und diese ernst nehmen. Kinder brauchen in einer verstörten Lage vor allem emotionalen Halt. Zugleich bestärken Sie Ihr Kind dadurch, sich seinen Ängsten zu stellen. Sprechen Sie aber auch über Dinge in den Nachrichten, die hoffnungsvoll stimmen, damit aufscheinen kann, wie die Krisensituation bewältigt werden könnte.

Auch Eltern können durch die Fernsehnachrichten betroffen und verunsichert sein. Vermeiden Sie aber, Ihre eigenen Ängste auf Ihr Kind zu übertragen. Es darf zwar Ihre Betroffenheit bemerken, wenn Sie aber selbst stark verunsichert sind, sollten Sie dies erst für sich klären, bevor Sie sich als Gesprächspartner für Ihr Kind anbieten.

Auch Kinder interessieren sich für Nachrichten. Von den Nachrichten für Erwachsene, wie beispielsweise die *Tagesschau*, bekommen sie zwar meist nur nebenbei oder zufällig etwas mit. Trotzdem hat es natürlich Folgen für die Kinder, wenn sie solche Sendungen sehen. Durch schlechte Nachrichten, also solche, die mit Krisen, Kriegen, Katastrophen und Gewalt zu tun haben, fühlen sich Kinder ergriffen, emotional bewegt und oft verängstigt. Reale Bilder, also Fotos, Berichte, Reportagen und Interviews, die von Krisen und Katastrophen handeln, lösen dabei oft mehr Ängste aus als fiktionale Inhalte. Auch die Vorstellung, eventuell irgendwann einmal selbst von derartigen Geschehnissen betroffen werden zu können – etwa durch Zerstörung der Wohnung, Obdachlosigkeit, Tod von Vater und Mutter –, verursacht häufig Ängste bei Kindern. Eine allgemeine Verunsicherung, negative Gedanken vor dem Einschlafen und Albträume können die Folge sein.

Kinder reagieren unterschiedlich auf erschreckende Medienbilder – dies ist besonders abhängig von ihrem Alter sowie ihrer verstandes- und gefühlsmäßigen Entwicklung. Grundsätzlich gilt: Je jünger Kinder sind, desto stärker und unmittelbarer springen sie auf beängstigende Bilder, Geräusche und Berichterstattung im Fernsehen an.

Kinder im Alter von etwa **sieben bis acht Jahren** nehmen die dargestellten Bedrohungen bereits sensibel wahr. Ab einem Alter von **neun bis zehn Jahren** versuchen Kinder immer mehr, die Ursachen von Katastrophen, Krisen etc. zu ergründen, Einzelheiten der Geschehnisse zu vertiefen und Verbindungen zu anderen sozialen und gesellschaftlichen Zuständen zu knüpfen und zu erklären, beispielsweise die Auswirkungen des Klimawandels auf Hochwasserkatastrophen. Zudem verfügen ältere Kinder zunehmend über Distanzierungstechniken, um negative Ereignisse (in den Fernsehnachrichten) nicht so schnell an sich herankommen zu lassen oder besser verarbeiten zu können. In der Regel verfügen sie auch über mehr Medienerfahrung und Weltwissen, das ihnen hilft, die Ereignisse besser einzuschätzen.

Nachrichten für Erwachsene werden von Kindern häufig nicht richtig verstanden, sodass Ängste schneller entstehen oder bestehende emotionale Verunsicherungen verstärkt werden können. Deshalb wünschen sich viele Kinder Nachrichtensendungen, die speziell für sie produziert werden. Sendungen wie *logo!* (ZDF) und *neuneinhalb* (ARD) werden diesem Kinderwunsch gerecht. Als Eltern können Sie mit solchen Sendungen Kindern einerseits Fernsehnachrichten zugänglich machen, sie andererseits aber vor ängstigenden Fernsehinhalten beschützen.

Was bieten *logo!* und *neuneinhalb* im Gegensatz zu Erwachsenennachrichten?
- verständlich aufbereitete Informationen in einer kindgerechten Aufmachung und Sprache, zum Beispiel durch klare und einfache Grafiken;
- unterschiedliche Argumente und Meinungen bei Themen, die mit Krieg und Konflikt zu tun haben;
- Themen, die mit dem Alltag von Kindern zu tun haben;
- die Erklärung notwendiger Fachbegriffe;
- adäquate Erwartungen, was das Vorwissen der Kinder betrifft;
- die Einbeziehung von Kindern, zum Beispiel durch Interviews;
- die Thematisierung von Krisen und Katastrophen, wobei auf Bilder und Töne von Toten, Verletzten, Verzweifelten verzichtet wird;
- die Unterstreichung hoffnungsvoller und positiver Aspekte;
- den Verzicht auf unnötig emotionalisierende Bilder;
- die Vermeidung von Spekulationen;
- das Angebot, Fragen und Kommentare formulieren zu können.

Nachrichten für Kinder im Fernsehen

- *Logo!* (KiKA): samstags bis donnerstags um 19:50 Uhr; freitags um 19:25 Uhr. Montags bis freitags gibt es außerdem Kurzsendungen um 14:08 Uhr und um 16:18 Uhr;
- *Neuneinhalb* (Das Erste): samstags, 08:25 Uhr.

Nachrichten für Kinder im Netz

- *Logo!*: vergangene Logo!-Sendungen, Zusatzinfos, Nachrichten-lexikon, Chats u.v.m. **www.tivi.de/fernsehen/logo/start/** (Stand: 10.02.2014);
- *Neuneinhalb*: frühere Neuneinhalb-Sendungen, Nachrichtenschule, Lexikon, kindgerechte Artikel und Clips zu aktuellen und bedeut-samen Themen u.v.m. **www.neuneinhalb.wdr.de** (Stand: 10.02.2014);
- *Kindernetz* (SWR): Zusammenstellung der aktuellen Kinder-nachrichten von SWR, WDR und BR. **www.kindernetz.de/aktuell** (Stand: 10.02.2014);
- *Kindernachrichten* (NDR): Nachrichten der Woche als Podcast. **www.ndr.de/info/programm/kinder/kindernachrichten/** (Stand: 10.02.2014).

Die Themen der Kindernachrichtensendungen ähneln denen für Erwach-sene, zum Beispiel bei *neuneinhalb*: „Doping – Wer pfuscht, gewinnt?", „Pro-teste in der Türkei – Warum sind viele Türken wütend?", „Facebook – Was wissen die über mich?". *Neuneinhalb* hat bereits mehrere Preise für gutes Kinderfernsehen erhalten, etwa den „Goldenen Spatz" oder „Emil". Beispiel für ein Katastrophenthema ist die Sendung „Hochwasser in Deutschland – Hilfe für die Flutopfer" vom 15.06.2013. Die Redaktion von *neuneinhalb* beschreibt den Inhalt auf ihrer Internetseite, auf der auch alle bereits ausge-strahlten Sendungen noch einmal angesehen werden können:

„Seit Wochen kämpfen Anwohner und Helfer im Süden und Osten Deutschlands gegen das Hochwasser. Flüsse und Bäche sind über die Ufer getreten und haben große Gebiete überschwemmt. Besonders viel

Regen in diesem Frühjahr hat Donau, Elbe und Co. an manchen Stellen zu reißenden Strömen anschwellen lassen. Innenstädte und Ortschaften stehen oft meterhoch unter Wasser. Auch wenn die Pegelstände in einigen Orten bereits sinken, können die Menschen noch nicht aufatmen. Denn viele mussten ihr ganzes Hab und Gut in den Wassermassen zurücklassen und in Notunterkünfte ziehen. Das neuneinhalb-Kamerateam ist vor Ort, um zu erfahren, wie es den Menschen geht und wie ihnen geholfen wird."

✈ http://neuneinhalb.wdr.de/sendungen/2013/06/2013_06_15.php5
(Stand: 10.02.2014)

Die Sendung berichtet in neuneinhalb Minuten offen und sachlich über die Geschehnisse. Sie stellt auf kindgerechte Weise das Entstehen des Hochwassers, die Zerstörung der Häuser und Städte sowie die Not der Menschen dar, ohne dabei unnötig zu emotionalisieren oder zu dramatisieren. Schwerpunkte der Berichterstattung sind: Interviews mit jungen Helfern und Betroffenen, die Erklärung von Ursachen und Auswirkungen des Hochwassers sowie die positive und hoffnungsvolle Frage, wie den Menschen in den Hochwassergebieten geholfen wird. Zusätzlich können die Kinder auf dem Gästebuch der Internetseite etwas posten.

7

Weiterführender Lesetipp für Eltern
Bundesministerium für Familie, Senioren, Frauen und Jugend (2011): *Geflimmer im Zimmer. Informationen, Anregungen und Tipps zum Umgang mit dem Fernsehen in der Familie*, Berlin, 8. Auflage.

FLIMMO-Broschüre. *Fernsehprogrammberater für Eltern.* [Kostenlos als Printbroschüre in öffentlichen Einrichtungen und online. ✈ **www.flimmo.de/** (Stand: 10.02.2014)]

Buchtipp für Kinder
Das in deutscher und englischer Sprache verfasste Buch erklärt Kindern ab sechs Jahren, wie eine Sendung im Fernsehstudio entsteht. Das Buch liegt jeweils auch in einer deutsch-russischen, deutsch-französischen und deutsch-türkischen Version vor:

Mörchen, Roland (2010): *Wir gehen ins Fernsehstudio – A Visit to the TV Studio*. Georg Olms Verlag, Hildesheim.

Manche Kinder würden am liebsten ihre gesamte freie Zeit vor dem Fernseher verbringen. Das kann verschiedene Gründe haben.

Das Kapitel in Stichworten

✦ Empfehlung: altersabhängige Fernsehnutzungszeiten für Kinder

✦ Welche Gründe ein hoher kindlicher TV-Konsum haben kann

✦ Wie Kinder wieder zu alternativen Freizeitaktivitäten finden

✦ „Daily Soap": ihre Bedeutung im Leben Heranwachsender

Wie viel Zeit vor dem Fernseher ist für Kinder richtig und angemessen?

Unsere Tochter Neele (8) sitzt ständig vor dem Fernseher. Sie geht zwar auch zum Turnen oder besucht mal eine Freundin, doch meistens hockt sie vor ihren Lieblingssoaps und fiebert mit den Figuren mit – jeden Tag fast zwei Stunden! Wir haben Angst, dass sie ein „Couch-Potato" wird und die TV-Figuren ihren Freundinnen vorzieht. Was können wir tun?

„Couch-Potato" ist das Klischee eines Menschen, der vor allem auf dem Sofa sitzt, fernsieht, kaum soziale Kontakte hat und sich von ungesundem Fast Food ernährt. Diese Gefahr besteht bei Ihrer Tochter nach Ihrer Schilderung nicht. Dennoch ist ein täglicher Fernsehkonsum von etwa zwei Stunden bei einem achtjährigen Grundschulkind zu lang und erfordert unbedingt ein Eingreifen Ihrerseits! Lassen Sie Ihre Tochter nicht allein über Ihren Fernsehkonsum entscheiden, sondern werden Sie aktiv. Empfehlenswert wäre, mit folgenden fünf Maßnahmen auf das Fernsehverhalten Ihrer Tochter zu reagieren:

1. Begrenzen Sie die tägliche bzw. wöchentliche Fernsehzeit Ihrer Tochter. Grundsätzlich gilt bei der Empfehlung von Fernsehnutzungszeiten für Kinder: Die Nutzungszeiten sollten sich am Alter und der Fernseherfahrung orientieren. Bei jüngeren Kindern muss diese Zeit also dementsprechend kürzer sein als bei Kindern im Alter von zehn bis zwölf Jahren. Ein Patentrezept gibt es nicht. Dennoch haben sich folgende Empfehlungen bei alters- und entwicklungsangemessenen Inhalten bewährt:
   Ein- bis Zweijährige sollten von ihren Eltern in der Regel gar nicht vor den Fernseher gesetzt werden. **Drei- bis fünfjährige Kinder** können täglich bis zu 30 Minuten fernsehen, möglichst zusammen mit einem Erwachsenen, der nicht nur Nähe und Vertrautheit vermitteln kann, sondern auch Nachfragen zum Inhalt beantwortet (siehe: „Grundlegende Tipps", Nr. 4, Seite 123). Bei **Sechs- bis Neunjährigen** sollte die wöchentliche Fernsehzeit nicht über fünf Stunden betragen. Bei einer Achtjährigen liegt eine Nutzungszeit von zirka zwei Stunden pro Tag also deutlich über dieser Grenze. **Kinder ab zehn Jahren** sollten zunehmend eigene Verantwortung für die Begrenzung ihres Fernsehkonsums übernehmen können.

2. Außerdem ist es bei Ihrer Tochter wichtig, „Türöffner" zu finden für Gespräche über ihre Lieblingsserien: Suchen Sie das Gespräch mit ihr, zum Beispiel bei einem abendlichen Spaziergang, um sie von den Gescheh-

nissen in diesen Sendungen erzählen zu lassen. Dies ist vielleicht nicht nur für Sie selbst, sondern auch für Ihre Tochter gar nicht selbstverständlich, weil sich Kinder und Jugendliche über Soaps in der Regel eher mit Gleichaltrigen austauschen. Eine Frage von Ihnen, beispielsweise: „Worum geht es da eigentlich?", die echtes Interesse zeigt, wird Ihre Tochter ermutigen, von diesen Serien zu erzählen. Ein weiterer „Türöffner": Schauen Sie sich doch auch einmal zusammen die Lieblingssoaps Ihrer Tochter an. Dadurch erfahren Sie nicht nur, um welche Themen und Inhalte es darin geht, sondern Sie schaffen auch eine Basis für ein anschließendes Gespräch (vgl.: „Grundlegende Tipps", Nr. 3, Seite 122 f.).

3. Es ist sinnvoll, zusammen mit Ihrer Tochter zu klären, welche Bedeutung die Daily Soaps für sie haben (vgl. unten: „Hintergrund"). Dies kann Ihnen dabei helfen, die Motive Ihres Kindes zu verstehen und einzuordnen: Ist der zu hohe TV-Konsum ein Ausdruck von Bewegungs- und Kontaktvermeidung? Oder steckt vielleicht etwas ganz anderes dahinter? Fernsehserien können für Kinder ganz unterschiedliche Funktionen erfüllen: Unterhaltung, Information, Entspannung oder auch Ablenkung vom Alltag. Vielleicht möchte ein Kind auch einfach nur mitreden können, weil die Fernsehserien innerhalb seiner Freundesgruppe häufig Gesprächsthema sind? Deshalb: Was fasziniert Ihre Tochter so an den Serien? Welche Themen und Konflikte interessieren sie, welche Figuren binden ihre Aufmerksamkeit? Lassen Sie sich darauf ein, was Ihre Tochter begeistert, und erfahren Sie, welche Themen hinter den Figuren „stecken". Vielleicht sind es ja Themen, die Ihre Tochter auch in ihrem eigenen Leben bewegen, und sie nutzt das Agieren der TV-Figuren als Handlungsanleitung, das heißt, um darüber nachzudenken, ob sie selbst in bestimmten Situationen so oder ähnlich handeln könnte.

4. Besprechen Sie mit Ihrer Tochter, ob es Stressfaktoren jenseits des Fernsehens gibt, die für ihr Verhalten verantwortlich sind: Versuchen Sie, bei Ihren gemeinsamen Gesprächen herauszufinden, ob Ihre Tochter das intensive Fernsehen dafür nutzt, um Stress abzubauen, zum Beispiel, weil sie mit etwas überfordert ist, weil sie Probleme in der Schule, Ärger mit Mitschülern, Freunden hat oder ihr sogar etwas im Familienalltag nicht gefällt. Wenn dies der Fall ist, sollten Sie versuchen, diese Probleme mit Ihrer Tochter und dem entsprechenden Umfeld umgehend zu beheben.

5. Außerdem empfiehlt es sich, gemeinsam mit Ihrer Tochter Alternativen zur intensiven Fernsehnutzung zu besprechen: Wenn ein Kind so lange

täglich fernsieht, liegt dies auch an den Rahmenbedingungen. Überlegen Sie gemeinsam in Ihrer Familie, wie der Tagesablauf Ihres Kindes anders und besser gestaltet werden kann, sodass die Fernsehzeit verkürzt wird. Suchen und finden Sie zu diesem Zweck gemeinsam mit Ihrer Tochter alternative Freizeitaktivitäten, die sie gerne unternehmen möchte, beispielsweise Sport- oder Kreativkurse. Überlegen Sie zusammen, was sie sich wünscht und wie Sie Ihre Tochter bei der Umsetzung dieser Wünsche unterstützen können. Lust auf Bewegung und neue Sportarten können auch gezielte Aktivitäten und Ausflüge mit der gesamten Familie am Wochenende eröffnen.

Hintergrund

Serien wie *Hannah Montana, Die Simpsons, SpongeBob, Two and a Half Man* gehören zu den beliebtesten Fernsehsendungen von Kindern in Deutschland. Auch „Daily Soaps" – zum Beispiel *Gute Zeiten, schlechte Zeiten* (RTL), *Verbotene Liebe* (Das Erste), *Unter uns* (RTL), *Schloss Einstein* (Ki.KA) – gehören zu diesen Lieblingssendungen[12]. Sie haben besonders bei Mädchen eine hohe Bedeutung. Was aber kennzeichnet eine Daily Soap überhaupt?

Daily Soaps sind Fernsehserien, in denen es thematisch vor allem um Beziehungsfragen jeglicher Art und die daraus resultierenden Probleme sowie Auseinandersetzungen geht. Sie haben einen seriellen Charakter, werden also einmal oder mehrmals pro Woche oder sogar täglich ausgestrahlt. Besonderes Kennzeichen ist, dass sie auf eine endlose Fortsetzung hin konzipiert sind. Das Ende jeder Folge ist durch den sogenannten „Cliffhanger" charakterisiert: Die Handlung endet schlagartig, wenn der Spannungshöhepunkt erreicht ist. Über den weiteren Verlauf der Handlung bleibt der Zuschauer bis zur nächsten Folge im Ungewissen. Die einzelnen Folgen von Daily Soaps dauern in der Regel nicht länger als 30 Minuten, inklusive Trailer, Werbung und Abspann. Sie sind also relativ kurz. Der *typische Protagonist* ist zwischen 20 und 25 Jahre alt und entspricht somit dem Alter der größten Zuschauergruppe, den 14- bis

[12] Vgl.: MPFS (2013): *KIM-Studie 2012. Kinder + Medien, Computer + Internet. Basisuntersuchung zum Medienumgang 6- bis 13-jähriger Kinder in Deutschland.* Stuttgart. **http://www.mpfs.de/fileadmin/ KIM-pdf12/KIM_2012.pdf** (Stand: 18.02.2014)

29-Jährigen. Daily Soaps nehmen oft *Interessen, Themen und Trends im Alltag von Jugendlichen und jungen Erwachsenen* auf, indem sich zum Beispiel Jugendthemen, wie etwa Schulprobleme, Erziehungsfragen oder die erste Liebe in den Handlungssträngen oder aktuelle Modetrends im Outfit der Protagonisten widerspiegeln. Die Handlungen drehen sich im Vergleich zur Realität *auffällig häufig um Schicksalsschläge, wie Krankheit, Unfall oder Tod*. Inhaltlich wird meist ein *konservatives Weltbild* dargestellt: Gesellschaftliche Institutionen werden grundsätzlich nicht in Frage gestellt, Familie ist ein fester und selbstverständlicher Ankerpunkt in der Biografie, Leistungsgedanke und -orientierung in Ausbildung, Beruf und Arbeit werden akzeptiert.

Ein weiteres wichtiges Merkmal von Daily Soaps ist ihr *crossmediales Auftreten*, das heißt, neben dem Produkt im Fernsehen gibt es eine offizielle Website, Bücher sowie Zeitschriften[13]. Jenseits der medialen Vermarktungsstrategie der Sender haben sich aber auch *zahlreiche Fanseiten im Internet* angesiedelt, die das Geschehen in den einzelnen Folgen sowie das Leben der Serienstars aufmerksam dokumentieren, diskutieren und bewerten.

Daily Soaps werden von Kindern (und Jugendlichen) nicht einfach nur konsumiert. Sie haben für die jungen Fernsehzuschauer, die sich für sie begeistern und die sie regelmäßig sehen, bestimmte Bedeutungen im Alltag[14]:

- Kinder haben Lust an der Spannung und raten gerne, wie es in den Folgen wohl weitergeht.
- Viele von ihnen haben den Eindruck, dabei eine Menge über das Erwachsenenleben zu lernen, zum Beispiel über das Entstehen und Lösen von Konflikten in Beziehungen, wie man sich modisch kleidet oder welcher Musikgeschmack gerade angesagt ist.
- Die Soaps spiegeln für Kinder wider, wie sie sich selbst oft im Alltag fühlen. Dennoch verwechseln sie die Serien nicht mit der Realität.
- Die stereotypen Figuren, die in den Soaps dargestellt werden, sind für viele jungen Zuschauer eine Projektionsfläche, wie sie gerne sein möch-

[13] Hajok, Daniel (2003): *Daily Soaps: Kommerz mit Moraldiskurs?! Charakteristika eines populären Formats und seine Bedeutung für Anbieter und Nutzer.* in: *tv diskurs. Verantwortung in audiovisuellen Medien* 3/2003, Seite 72–77.

[14] Götz, Maya (2001): *Alles Seifenblasen? Die Bedeutung von Daily Soaps im Alltag von Kindern und Jugendlichen.* Kopaed, München.

ten. Zum Teil wird ihnen aber auch durch die Begeisterung für bestimmte Figuren bewusst, welche Defizite sie bei sich sehen, zum Beispiel hinsichtlich des eigenen Aussehens.

- Da die Figuren der Serien oft über Jahre bekannt sind, entstehen zu ihnen Vertrautheit und das Gefühl, mit ihnen emotional verbunden zu sein.
- Die Soap strukturiert den Tagesablauf: Für viele Grundschulkinder ist der Beginn der Sendungen der Zeitpunkt, zu dem sie die Hausaufgaben fertig haben wollen. Für viele Mädchen ist das Anschauen der Sendung ein Zeitfenster, in dem sie gezielt allein sein wollen und das sie mit Nachdruck gegenüber der Familie einfordern.

Hintergrund

Interessanterweise ist es für viele Soap-Fans, insbesondere Mädchen, ganz wichtig, sich direkt nach der Ausstrahlung einer Sendung mit Freundinnen oder Freunden darüber auszutauschen. Diese Kommunikation dient in der Regel nicht nur dazu, gegenseitig Kontakt zu halten oder herzustellen, sondern hat auch die Funktion, sich von anderen Menschen, die kein Fan der Soap sind, abzugrenzen, über Werte und Normen, die in den Folgen thematisiert werden, zu diskutieren und sich eine eigene Meinung zu bilden.

8

Weiterführende Informationen
Gute Zeiten, schlechte Zeiten (RTL) ist die derzeit beliebteste Daily Soap bei sechs- bis 13-jährigen Mädchen. ✎ **gzsz.rtl.de/** (Stand: 14.03.2014)
Schloss Einstein (Ki.KA) ist eine Soap, die speziell für Kinder gemacht wird und deren Hauptdarsteller ebenfalls Kinder sind. ✎ **www.schloss-einstein-erfurt.de/** (Stand: 14.03.2014)

Medientipp für Eltern und Kinder
Das Bilderbuch vom kleinen Philipp und seiner Familie erzählt, wie man mit einem Wochenplan den zu hohen Fernseh- und Computerspielkonsum von Kindern in den Griff bekommt:
Spathelf, Bärbel/Szesny, Susanne (2005): *Der TV-Gucki oder Über den richtigen Umgang mit Fernsehen und Computerspielen*. Albarello, München.

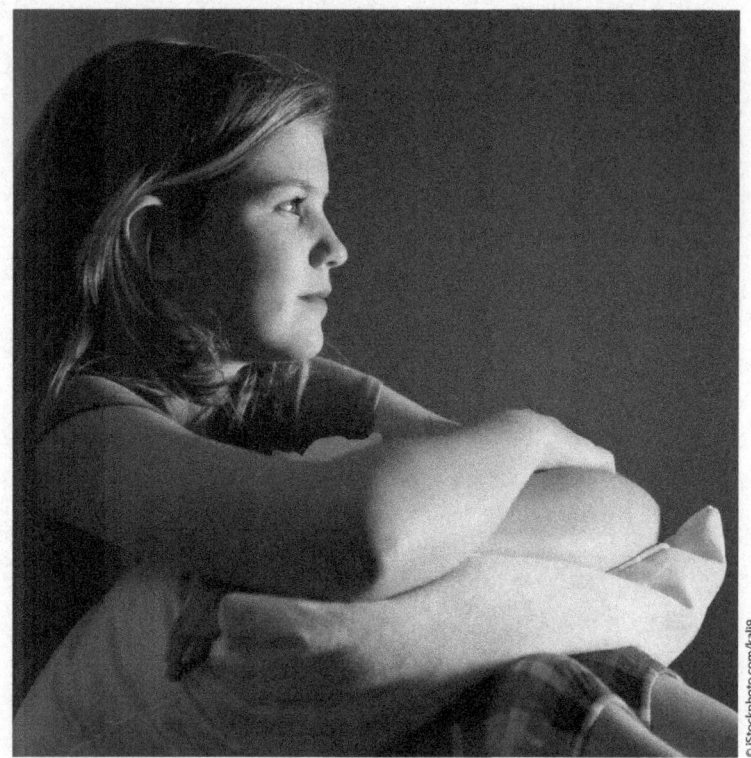

© iStockphoto.com/kali9

Scripted-Reality-Formate können Heranwachsende völlig in ihren Bann ziehen.
Dabei realisieren die Kinder oft nicht, dass sie es mit einer Fiktion zu tun haben.

Das Kapitel in Stichworten

✦ Was Reality- und Scripted-Reality-Formate voneinander unterscheidet
✦ Warum Scripted-Reality-Serien Heranwachsende so faszinieren
✦ In welchem Alter Kinder mit diesem Format überfordert sind
✦ Wie Kinder erkennen, dass diese Serien nicht das reale Leben zeigen

Verwechseln Kinder im Fernsehen Realität und Fiktion?

Unsere Tochter Kati (10) sitzt jeden Tag vor ihrer neuen Lieblingsserie „Berlin – Tag und Nacht". Sie ist seit Wochen ganz fixiert auf diese Sendung und saugt die Folgen und die Erlebnisse der Figuren richtig auf. Wenn sie mir davon erzählt, habe ich den Eindruck, sie hält das alles für echt. Müssen wir einschreiten?

Ja, als Eltern einer Zehnjährigen müssen Sie tätig werden, denn es gibt zwei problematische Aspekte, wenn Ihr Kind eine solche Sendung regelmäßig sieht: Zum einen geht es um die Frage, ob Kinder und Jugendliche Realität und Fiktion in Film und Fernsehen unterscheiden können, zum anderen muss das Format der Scripted-Reality-Serien, wie zum Beispiel *Berlin – Tag und Nacht*, grundsätzlich diskutiert werden.

Ältere Kinder und Jugendliche haben in der Regel schon ein Verständnis davon, wie Film und Fernsehen gemacht werden, und was daran „echt" ist. Sie wissen, dass es im Film Schauspieler sind, die vorgegebene Rollen nach einem Drehbuch spielen. Gleichzeitig kennen sie im Fernsehen Reality-Formate, wie Casting- und bestimmte Unterhaltungsshows, die sich deutlich von der Machart von Filmen absetzen. Hier sehen sie reale Personen, die besondere Situationen bewältigen oder in diese gebracht werden und dabei sich oder ihr Talent beweisen müssen. Heranwachsende fasziniert dabei die Unberechenbarkeit des Reality-Formats, wodurch Seherwartungen aufgebrochen werden und überraschende Wendungen entstehen. Auch die Möglichkeit, die „Echtheit" der Kandidaten mit Freunden und Familie zu diskutieren und zu bewerten, spielt für Heranwachsende eine hervorgehobene Rolle[15]. Sie stellen sich beispielsweise die Frage, ob Teilnehmer dieser Shows sich dort nur gezielt so präsentieren, wie sie es tun, oder ob sie auch dann so handeln würden, wenn die Kamera ausgeschaltet wäre.

Scripted-Reality-Sendungen, wie die bei Kindern und Jugendlichen beliebten Serien *Berlin – Tag und Nacht* oder *Köln 50667*[16], stellen vor diesem Hintergrund eine besondere Herausforderung dar. Während die Grundidee des Reality-TV-Genres darin besteht, dass besondere Personen in ihrem Alltag

---

[15] Vgl. vom Orde, Heike: *Kinder, Jugendliche und Reality-TV*. In: *TELEVIZION*, 25/2012/1, Seiten 40–43.
[16] Weitere beliebte Scripted-Reality-Serien sind etwa: *Die Schulermittler* (RTL), *Mitten im Leben* (RTL) oder *Familien im Brennpunkt* (RTL).

begleitet werden oder bestimmte Menschen das Durchleben von Ausnahmesituationen nachstellen, übersteigt das Scripted-Reality-Format diesen Ansatz. Dieses Format gibt vor, das „echte Leben" abzufilmen und versucht, hierdurch mehr Authentizität herzustellen. Die Hinweise darauf, dass es sich um eine rein inszenierte Realität handelt, sind dabei sehr gut versteckt.

Entsprechend haben es kindliche und jugendliche Zuschauer schwer, den „gescripteten Charakter" dieser Serien zu durchschauen. So sind die Besetzung der Rollen mit Laiendarstellern, die ungeschliffenen Dialoge und die Kleidung (die Darsteller sind angezogen wie jedermann) Mittel, um den Eindruck von Authentizität herzustellen. Kommentare zum Geschehen aus dem Off, die die Gedanken der einzelnen Figuren wiedergeben oder Handlungsziele verdeutlichen, sollen diesen Anschein unterstreichen. Darüber hinaus werden diese Serien nicht in Studios, sondern an Orten gedreht, die in ein Stadtbild integriert zu sein scheinen. Wenn dann noch die Darsteller auf Facebook oder Twitter als die von ihnen verkörperte Figur auftreten und den direkten Kontakt zum Publikum suchen, werden die Grenzen zwischen Fiktion und Realität mit Absicht verwischt und für das junge Publikum nahezu unkenntlich gemacht. Die Produzenten legen es geradezu darauf an, dass ihre Serie als ein Abbild des „echten Lebens" gesehen wird. Eine hohe Bindung an die Serie wird zudem darüber erreicht, dass etwa verpasste Folgen von *Berlin – Tag und Nacht* online angesehen werden können und sich die Jugendlichen via Internet auf Fanseiten über die Figuren und die weitere Handlung austauschen können.

Diese Scripted-Reality-Serien faszinieren die Kinder und Jugendlichen durch ihre Themen und besonders durch die „inszenierte Realität". Wenn ältere Kinder dabei sind, richtige Teenager zu werden, wenden sie sich neuen Themen zu, wie etwa der Gestaltung von Beziehungen, ihrem Liebesleben, den Freundschaften zwischen den Geschlechtern oder der Frage, wo und wie sie ihren Platz im (Berufs-)Leben finden. Es sind Themen, die auf sie zukommen werden, sobald sie junge Erwachsene sind, und sie tasten sich auf vielen Wegen – und eben auch mithilfe der Medien – an sie heran. All diese Themen, Fragen und Unsicherheiten finden Heranwachsende in diesen Serien wieder. Problematisch ist aber dabei, dass die Serien schnell als Abbild der Wirklichkeit missverstanden werden können. Deshalb ist auch das Risiko größer, dass sich Kinder und Jugendliche an den dort gezeigten Handlungsmustern orientieren.

Ein zehnjähriges Mädchen ist mit einem solchen Format schnell überfordert, weil das Scripted-Reality-Format keinen passenden Zugang zu Themen von Kindern eröffnet. Zum einen, weil Heranwachsende dieses Alters die Glaubwürdigkeit dieser Serien noch nicht richtig einschätzen können. Zum anderen: Weil gerade die Darstellung von Gefühlen in diesen Sendungen oft abwertend und eindimensional ist, die Figuren diesen ausgeliefert sind oder mit ihnen spielen, sollte dieses Verhalten keine Orientierungsgröße für Kinder sein.

Auch die Figuren selbst sowie ihr Umgang miteinander und mit Problemen, sind oberflächlich und klischeehaft dargestellt. Vor allem, weil die Geschichten anscheinend die Realität zeigen, werden Klischees und Vorurteile schnell und unhinterfragt angenommen.

Hier sind Alternativen gefragt. Natürlich möchte eine Zehnjährige im Fernsehen keinen „Kinderkram" mehr sehen, denn sie sucht Geschichten, die sich originell und vielschichtig mit ihren neuen Themen beschäftigen. Darüber hinaus ist es den Teenagern auch wichtig, ihre Eigenständigkeit zu entwickeln und sich mit ihrem Geschmack von dem der Erwachsenen abzugrenzen. Aber gerade aus diesem Gründen wird eine Einflussnahme auf die Auswahl der Sendungen ein Thema, dass mit Fingerspitzengefühl angegangen werden muss.

Hier empfiehlt es sich, dass Eltern zusammen mit ihrem Kind zum Beispiel eine Folge von *Berlin – Tag und Nacht* sehen und danach ihr Kind fragen, ob es das Verhalten der Figuren in der Serie tatsächlich realitätsnah und angemessen findet und wie es den Umgang der Personen miteinander einschätzt. Wie würde das Kind bei einem bestimmten Konflikt reagieren? Würde es selbst gerne auf solche Art und Weise behandelt werden oder diese Figuren als Freunde haben wollen?

Damit eine Zehnjährige versteht, dass in einem Scripted-Reality-Format Laiendarsteller streng nach Drehbuch „echtes Leben" spielen und keineswegs in ihrem Alltag begleitet werden, ist echte Detektivarbeit gefragt, denn natürlich erfordert es das Produktionsprinzip, dass das Bild vom „echten Leben" der Figuren auch in der Öffentlichkeit gewahrt bleiben soll. Hier empfiehlt es sich, dass Eltern gemeinsam mit ihrem Kind im Internet und in Jugendmagazinen nach Informationen zu der Serie und den Darstellern suchen und ihrem Kind erklären, was der Unterschied zwischen einer Dokumentation und den Scripted-Reality-Formaten ist. Das Ergebnis einer solchen gemeinsamen Recherche ist überzeugender als alle elterlichen Mahnungen.

Damit Kinder erkennen, dass es sich bei Scripted-Reality-Formaten um reine Fiktion handelt, kann beispielsweise ein Besuch bei „Wikipedia" sehr hilfreich sein: Dort findet man Internetseiten zu den einzelnen Serien, die Laiendarsteller und Figuren ebenso benennen wie Handlungsabläufe und Beziehungskonstellationen. Darüber hinaus gibt es Links zum Werdegang der Darsteller und Verknüpfungen mit Veröffentlichungen über die Serie. So können die Heranwachsenden lernen, das Format zu entzaubern, und sie erkennen, dass sie bestimmten Gestaltungselementen erlegen sind. Und falls es Eltern und Kindern einmal gelingt, den kompletten Abspann der Serie zu sehen: Er enthält den Hinweis: „Alle handelnden Figuren sind frei erfunden"[17] – es ist wichtig, Kinder noch einmal explizit darauf hinzuweisen.

Als Alternative zu den Scripted-Reality-Formaten empfehlenswert sind für Zehnjährige drei Serien, die auf Ki.KA laufen und versuchen, zehn- bis 13-jährigen Kindern den Alltag von 14- bis 16-Jährigen mit ihren Alltagserlebnissen, Gefühlen und Problemen auf unterhaltsame Art zu vermitteln: *Schloss Einstein* (Ki.KA), *dasbloghaus.tv* (Ki.KA) oder *Baxter* (Ki.KA). Dabei darf man natürlich nicht erwarten, dass ein Kind sofort begeistert ist und mit wehenden Fahnen zu den anderen Serien wechselt. Aber mit dem Anbieten von Alternativen und der Entzauberung der Scripted-Reality-Serien ist schon ein Anfang getan. Insbesondere, wenn ein Kind verstanden hat, dass es eben nicht das „echte Leben" der gezeigten Personen ist, an dem es teilhat, sondern dass alles inszeniert ist, um die Zuschauer an die Serie zu binden, ist die Enttäuschung bzw. der Aha-Effekt oft groß.

Das im deutschen Fernsehen noch recht junge Format der Scripted-Reality-Serien wie *Berlin – Tag und Nacht* und *Köln 50667* kreieren zwar einen Look, der „authentisch" wirken soll, gehen aber streng nach Drehbuch (englisch: „script") vor, um diese TV-Wirklichkeit (englisch: „reali-

---

[17] Vgl. vom Orde, Heike (2012): a.a.O.

ty") zu erzeugen. Wie andere Reality-TV-Formate auch, nutzt die Scripted Reality die inszenierte Authentizität als ästhetische Strategie, mit der darauf abgezielt wird, die kindlichen und jugendlichen Zuschauer stark in die hergestellte Wirklichkeit zu involvieren und sie emotional zu überrollen. Dazu setzt das Format an den Themen, Wünschen und Ängsten der Zuschauer an und setzt filmische Mittel passgenau ein. So wird die Großstadt als tragender, „cooler" Handlungsort genutzt. Die dargestellten, meist jugendlichen Figuren wohnen in WGs zusammen, sind vielschichtig in Beziehungen miteinander verbunden und suchen ihren Weg im Berufs-, Party- und Liebesleben. Besonders Letzteres wird betont, wenn es darum geht, „Party bis zum Umfallen zu machen" oder jemanden „(ins Bett) zu kriegen". Um dies zu erreichen, tricksen die Figuren andere aus, spielen mit Gefühlen und manipulieren Dritte. Das verursachte Gefühlschaos steht im Mittelpunkt, starke Gefühlsschwankungen der Figuren sind an der Tagesordnung und überzogen dargestellt. Der emotionale Ausnahmezustand wird als Normalität gefeiert, der Umgangston zwischen den Figuren ist mitunter rau und abwertend. Insgesamt zeigt dieses Format eine reduzierte und oberflächliche Sicht auf Alltagsprobleme. Auch die dargestellten Rollenbilder sind zum Teil äußerst klischeehaft und eindimensional, Vorurteile gegenüber bestimmten Personengruppen werden als selbstverständlich hingenommen. Alles in allem entsprechen die Figuren eher einer bildungsfernen Gruppe.

9

Weiterführende Informationen

Die Internetseite von FLIMMO bietet Programmberatung für Eltern und Empfehlungen zu altergemäßen Serien und Filmen für Kinder und Jugendliche. Das Beratungsangebot ist auch als kostenlose Zeitschrift FLIMMO erhältlich. ◢ **www.flimmo.tv** (Stand: 20.03.2014)

Viele Heranwachsende träumen von einer Karriere als Top-Model oder Sänger. Für die Erkenntnis, dass entsprechende Castingshows nicht nur hehre Absichten verfolgen, brauchen sie elterliche Hilfe.

© Michael Ireland – Fotolia.com

Das Kapitel in Stichworten

+ Castingshows: Orientierungsmöglichkeit in der Erwachsenenwelt
+ Gruppen-Kommunikation: Wenn die Staffeln laufen, spricht jeder darüber
+ Castingshows nicht verbieten, aber begleiten und kommentieren
+ Das sollte Ihr Kind wissen: Castingshows sind bewusst inszeniert

Meine Tochter will daran teilnehmen – soll ich die Sendung verbieten?

Meine Tochter Sophie (12) will keine Folge von „Germany's Next Topmodel" *(GNTM) verpassen. Ich selbst finde GNTM auch sehr unterhaltsam und schaue* *mir die Sendung immer zusammen mit ihr an. Aber jetzt macht mir doch* *etwas Sorgen, wie wichtig sie GNTM nimmt: Sie möchte sich am liebsten bei* *einer der nächsten Staffeln als Teilnehmerin bewerben – sobald sie dafür* *alt genug ist. Und: Sie möchte gerne selbst Model werden! Als Mutter bin ich* *dagegen. Soll ich ihr nun das Zuschauen verbieten?*

Ihrer Tochter jetzt zu verbieten, weiterhin *GNTM* zu sehen, nur weil sie den Wunsch geäußert hat, Model werden zu wollen, ist nicht zu empfehlen. Nutzen Sie stattdessen *GNTM* als Gesprächsanlass, um mit Ihrer Tochter über Ihren Berufswunsch und über das Gesamtkonzept der Sendung zu diskutieren! *Germany's Next Topmodel* ist eine Castingshow, bei der scheinbar „ganz normale" Mädchen und junge Frauen im Mittelpunkt stehen. Sie müssen sich über viele Wochen in einer für die Fernsehshow inszenierten Umgebung gelungen präsentieren und dort besondere, vorgegebene Leistungen vollbringen. Für den Zuschauer liegt der Reiz vor allem darin, zu beobachten, wie es die Kandidatinnen schaffen, erfolgreich mit den an sie gestellten Aufgaben umzugehen. Ein wichtiger Teil der Sendung sind die Urteile der aus mehreren bekannten Leuten bestehenden Jury, durch die die Kandidatinnen zum Teil sogar öffentlich erniedrigt werden.

GNTM ist für die Entwicklung von Kindern (und Jugendlichen) auf unterschiedliche Weise bedeutsam:
- Besonders Mädchen können sich mit *GNTM* identifizieren. So wie auch andere Fernsehinhalte, sind Castingshows für Kinder (und Jugendliche) ein Hilfsmittel, um sich in der Welt der Erwachsenen mithilfe von Vorbildern zu orientieren und dadurch die eigene Identität auszubilden. Gerade für Mädchen ist die Identifikation hoch, weil die jugendlichen Kandidatinnen in einem ähnlichen Alter sind und vergleichbare Erfahrungen, Wünsche und Sehnsüchte haben.
- Sobald eine neue Staffel von *GNTM* läuft, sprechen Kinder untereinander darüber. Daher ist *Germany's Next Topmodel* wichtig für die Kommunikation mit Gleichaltrigen – sowohl in der Schule als auch in der Freizeit.

10

Das Anschauen der Castingshow hat für Ihre Tochter also einen großen Stellenwert, um in der Gleichaltrigengruppe integriert zu sein.

– GNTM ist in vielen Familien ein Kommunikationsereignis. Mädchen schauen diese Sendung fast nie allein, sondern oft mit der Mutter und den Geschwistern. GNTM wird somit zu einem Fernsehereignis, durch das die Beziehungen zwischen den Familienmitgliedern gestaltet und gemeinsame Gesprächsthemen gestiftet werden können.

GNTM kann also einerseits eine wichtige Rolle beim Aufwachsen Ihrer Tochter in ihrer Freundes- und Gleichaltrigengruppe sowie auch in Ihrem Familienalltag spielen. Verbieten Sie deshalb GNTM nicht, sondern respektieren Sie, dass Ihr Kind die Castingshow sehen möchte. Ganz wichtig ist aber andererseits, dass Sie Ihre Tochter für die problematischen Aspekte der Sendung sensibilisieren! Diese fassen wir in drei Punkten[18] zusammen:

1. Die Sendung vermittelt **keinen realistischen Blick auf den Berufsalltag eines Models**: Einem großen Teil der regelmäßigen GNTM-Seherinnen erscheint der Modelberuf als Traumberuf: Über 60 Prozent der Neun- bis Elfjährigen können sich eine berufliche Zukunft in der Modebranche gut vorstellen. Zugleich sind über 80 Prozent von ihnen der Ansicht, dass GNTM ihnen zeige, wie der Berufsalltag eines Models tatsächlich aussehe. Sie gehen davon aus, dass in GNTM der Castingprozess real und objektiv dokumentiert wird. Freilich sieht die Realität anders aus: Die Kandidatinnen werden zu bestimmten Typen stilisiert und durch redaktionelle Bearbeitung von Bildern und Tönen werden emotionale Eindrücke geschaffen, die einzig darauf abzielen, eine attraktive Fernsehshow zu schaffen. Verdeutlichen Sie Ihrem Kind daher, dass die Sendung kein Abbild der Realität, sondern bewusst und mit einer kommerziellen Absicht dahinter inszeniert ist.

2. Die **Jury-Urteile über die Kandidatinnen werden von den Zuschauern unreflektiert akzeptiert**: Je jünger die Zuseher von GNTM sind, desto eher akzeptieren sie die Bewertungen von Heidi Klum und ihrer Jury, obwohl diese oft für die Kandidatinnen erniedrigend und verletzend

---

[18] Diese Punkte basieren im Wesentlichen auf den Ergebnissen einer Befragung des Internationalen Zentralinstituts für das Jugend- und Bildungsfernsehen (IZI), nachzulesen unter: Götz, Maya / Gather, Johanna (2010): *Wer bleibt drin, wer fliegt raus? Was Kinder und Jugendliche aus Deutschland sucht den Superstar und Germany's next Topmodel mitnehmen.* In: *TELEVIZION* 23/2010/1, Seiten 52–59.

ausfallen. Die Darstellung im Fernsehen erscheint oft lustig, ist aber tatsächlich eine Abwertung der Kandidatinnen und dementsprechend schmerzhaft. Dennoch werden die Deutungen der Jury von den Kindern (und Jugendlichen) unkritisch übernommen und als legitim betrachtet. Dass bestimmte Kandidatinnen von vorneherein gezielt als *Loser* inszeniert werden, beispielsweise durch negative Videoeinspielungen vor ihrem eigentlichen Auftritt, ist Kindern oft nicht bewusst – und kann es ihnen in ihrem Alter auch nicht sein. Zeigen Sie Ihrem Kind, wie gezielt versucht wird, den Zuschauer durch die Inszenierungen der Sendung zu beeinflussen und zu lenken, und machen Sie es darauf aufmerksam, dass es für die Kandidatinnen sehr verletzend ist, wenn sich die Jury in dieser Weise über sie lustig macht.

3. **Das propagierte Schönheitsideal ist problematisch**: In der Sendung wird ein Schönheitsideal gefordert und unterstützt, das nicht der Normalität entspricht. Schwierig ist dies dann, wenn Kinder (und Jugendliche) dieses Ideal nicht hinterfragen und sie darüber hinaus die Abweichung von diesem Schönheitsideal negativ empfinden. Vermitteln Sie Ihrem Kind daher, dass es unterschiedliche Schönheitsempfindungen gibt. Bestärken Sie es darin, zufrieden mit dem eigenen Körper zu sein, auch wenn er anders aussieht als der der *GNTM*-Kandidatinnen in der Endrunde.

Dies bedeutet aber nicht, dass Sie sich den Fernsehgenuss verderben lassen sollen. Sie können und sollen auch weiterhin zusammen mit Ihrer Tochter *Germany's Next Topmodel* anschauen. Vermitteln Sie Ihrer Tochter aber zugleich ein Stück weit kritische Medienkompetenz, sodass sie es lernt und versteht, ihre Vorstellungen zum Modelberuf der Realität anzupassen.

10

Hintergrund

Castingshows gehören bei Kindern und Jugendlichen zu den erfolgreichsten Fernsehproduktionen der letzten Jahre: 80 Prozent der Mädchen und 60 Prozent der Jungen im Alter zwischen 10 und 17 Jahren sehen diese Sendungen regelmäßig[19]. Mit *Popstars* lief im Jahr 2000 die erste deutsche Castingshow an. Gegenwärtig laufen im deutschen Fern-

---

[19] Götz, Maya / Bulla, Christine / Mendel, Caroline (2013): *Sprungbrett oder Krise? Das Erlebnis Castingshow-Teilnahme.* Düsseldorf: Landesanstalt für Medien Nordrhein-Westfalen.

sehen *Deutschland sucht den Superstar* und *Das Supertalent* (beide RTL), *The Voice of Germany* und *Germany's next Topmodel* (beide Pro Sieben) und mit der ersten Staffel von *The Voice Kids* (Sat.1) hat sich im Jahr 2013 sogar ein Castingshow-Format für Acht- bis 14-Jährige erfolgreich etabliert. 2014 folgte die nächste Staffel.

Wer bei einer Castingshow mitmachen möchte, muss sich auf ein umfangreiches Auswahlverfahren einstellen. Beispiel *GNTM*: Die Voraussetzung zur Teilnahme ist ein Mindestalter von 16 Jahren und eine Mindestgröße von 1,76 Meter. Nach der Online-Anmeldung, bei der Minderjährige auch eine Einverständniserklärung der Eltern abgeben müssen, folgt der erste Castingtermin. Es konkurrieren Tausende Mädchen und junge Frauen miteinander, der Wettbewerb ist hart. Nach dem Auftritt vor einer Vorjury wählt die Redaktion der Sendung die Kandidatinnen aus, die besonders gut in das Konzept von *GNTM* passen. Zu den Teilnahmebedingungen gehört, dass die Kandidatinnen alle Bild- und Tonrechte während der gesamten Staffel abtreten. Somit ist die Produktionsfirma der Sendung in der Lage, das gesamte Filmmaterial uneingeschränkt zu nutzen, zu verändern und für Werbezwecke zu verwerten. Darüber hinaus können so aber auch bestimmte Kandidatinnen in ein gutes, andere in ein schlechtes Licht gerückt werden, je nachdem, welches Bild- oder Tonmaterial ausgesucht wird.

 Tipp

Es ist wichtig, Heranwachsende, die sich *GNTM* ansehen, auf diese Praktiken, einzelne Kandidatinnen abzuwerten, hinzuweisen, um ihnen damit ein realistisches Bild der Show zu vermitteln. Genauso wichtig ist es aber auch, sich selbst und allen Familienmitgliedern und Freunden, die zusammen *GNTM* sehen, klarzumachen, dass es auch nicht in Ordnung ist, beim gemeinsamen Fernsehen zusammen über das Aussehen einzelner Kandidatinnen herzuziehen. Für ein dabei sitzendes Mädchen könnte dies zu einem Problem werden, wenn dieses eventuell selbst unzufrieden mit seinem eigenen Körper ist und sich mit den von der Jury und den anderen Zuschauern abgewerteten Körpern vergleicht. Wenn dieses Mädchen dann vielleicht auch noch meint, noch mehr Schönheitsfehler bei sich zu entdecken, kann dies negative Gefühle erzeugen. Deshalb gilt: Kollektives Herziehen im Familienkreis bitte vermeiden!

Eine Befragung der Kandidaten von Musik-Castingshows[20] im Jahr 2013 hat gezeigt: Die Motivation zur Teilnahme erfolgt aus ganz unterschiedlichen Gründen. Es gibt Kandidaten, die sich spontan bewerben und einfach nur Spaß haben wollen. Einige möchten sich etwas beweisen oder erhoffen sich einen Einstieg in die Musik-Branche. Andere werden von Freunden motiviert oder auch von den Eltern bei der Bewerbung unterstützt. Für diejenigen, die es als Teilnehmer in die Castingshow schaffen, ist die Teilnahme anstrengend und teilweise auch krisenhaft:

– Der Castingprozess wird als körperlich und emotional belastend empfunden.

– Die oft sehr abwertende Stilisierung der Kandidaten durch die Medienproduzenten kann zu Krisen führen.

– Das Nichtweiterkommen oder den Rauswurf aus der Show versteht ein Teil der Kandidaten als persönliche Kränkung.

– Der Übergang zurück in den normalen Alltag ist oft von Selbstzweifeln begleitet, ob man seine Chancen in der Show richtig genutzt hat.

Weiterführende Informationen

Hinter dem folgenden Link verbirgt sich der Ergebnisbericht einer Befragung der Kandidaten von Musik-Castingshows. ⏴ **http://lfmpublikationen.lfm-nrw.de/ modules/pdf_download.php?products_id=316** (Stand: 19.03.2014)

Dies ist der Ergebnisbericht einer Repräsentativbefragung von Sechs- bis 17-Jährigen zu ihren Vorstellungen vom „Erlebnis Castingshow-Teilnahme". ⏴ **http:// lfmpublikationen.lfm-nrw.de/index.php?view=product_detail&product_ id=318** (Stand: 19.03.2014)

Medientipps für Kinder

Eine Mischung aus Sachbuch und Erzählung für Jugendliche, das aber auch für ältere Kinder geeignet ist. Ein Abiturient recherchiert hinter den Kulissen einer Castingshow, um zu verstehen, warum sein Freund dort versagte und was ihm dort widerfuhr:

Korn, Wolfgang (2010): ... *und morgen ein Star! Eine kleine Geschichte über die große Medienwelt.* Bloomoon Verlag, München.

Dieses Buch bietet einen konkreten Wegweiser durch die Vielfalt an Berufsbildern in der Modewelt:

Pavlovic, Susanne (2011): *Irgendwas mit Mode: Die wichtigsten Ausbildungen und Berufe.* Edition Aumann, Coburg.

10

---

[20] Ebd.

Cyber-Sicherheit auf dem Smartphone

Das Smartphone ist ein beliebtes Spielzeug, das auch Gefahren birgt.

Das Kapitel in Stichworten

✚ So wird Ihr Kind fit für den Umgang mit dem Smartphone
✚ Sicherheitseinstellungen auf dem Smartphone Ihres Kindes einrichten
✚ Fest versprochen: keine Service- und Sonderrufnummern wählen
✚ Erste Hilfe, wenn Ihr Kind in die Kostenfalle getappt ist

Wie mache ich das Smartphone unserer Tochter sicher?

Meine Eltern haben unserer Tochter Tabea (10) ein Smartphone geschenkt. Als Erstes bekamen wir dann eine dicke Rechnung für verschiedene Downloads. Was können wir tun, um dies zukünftig zu verhindern?

Smartphones bekommen immer mehr einen festen Platz im Kinderalltag: Sie ermöglichen die Kommunikation mit Freunden, dienen zur Unterhaltung und bieten eine Schutzfunktion, weil die Kinder in Notsituationen Kontakt zu ihren Eltern aufnehmen können.

Das Besondere an einem Smartphone ist, dass es so multifunktional und einfach zu handhaben ist: Mit ihm ist nicht nur Telefonieren und das Verschicken von SMS, sondern auch das Abspielen von Musik, Fotografieren und der Dreh von kleinen Filmen möglich. Nicht zuletzt kann man mit einem Smartphone ständig mit dem Internet verbunden sein und auf eine unübersehbare Anzahl von kostenlosen oder kostenpflichtigen Programmen (Apps) zugreifen: Spiele, soziale Netzwerke (zum Beispiel: Facebook) oder Nachrichtendienste (zum Beispiel: WhatsApp).

Kinder zwischen sechs und 13 Jahren nutzen Smartphones und Handys meist zum Telefonieren, für SMS, zum Spielen sowie die mobile Internetnutzung. Jedes zweite Kind in diesem Alter besitzt ein eigenes Handy, sieben Prozent verfügen über ein eigenes Smartphone[21].

Problematisch wird das Smartphone für Kinder oft dann, wenn sie zur Zielgruppe von Werbung und kostenpflichtigen Programmen werden. Viele jüngere und auch ältere Kinder sind damit überfordert. Die zwei wichtigsten Ratschläge für Eltern sind deshalb:

1. Machen Sie Ihr Kind fit, richtig und souverän mit dem eigenen Smartphone umzugehen.

Kinder, die ein Smartphone besitzen bzw. nutzen dürfen, sollten einen Sinn für die Kostenfallen entwickeln. Dazu sind in der Regel erst ältere Kinder ab

---

[21] MPFS (2013): *KIM-Studie 2012. Kinder + Medien, Computer + Internet. Basisuntersuchung zum Medienumgang 6- bis 13-jähriger Kinder in Deutschland.* Stuttgart. ⤳ **http://www.mpfs.de/fileadmin/KIM-pdf12/KIM_2012.pdf** (Stand: 18.02.2014)

zehn bis zwölf Jahren in der Lage. Für diese Altersgruppe gilt: Besprechen Sie mit Ihrem Kind den sicheren und verantwortungsvollen Umgang und erarbeiten Sie mit ihm zusammen Regeln. Dazu gehört die Kostenkontrolle bei SMS, Telefongesprächen, Klingeltönen und Spielen für das Smartphone. Dazu gehört aber auch, die Privatsphäre von anderen zu respektieren (zum Beispiel bei der Veröffentlichung von Bildern) und bei Fällen von Cyberbullying oder Cybermobbing nicht wegzuschauen (siehe auch: Kapitel 19: Cyberbulling und Cybermobbing, Seite 116 ff.). Voraussetzung dafür ist natürlich, dass Sie sich auch selbst mit dem Smartphone vertraut machen und Informationen einholen.

Bei jüngeren Kindern (fünf bis neun Jahre) gilt: Helfen Sie ganz konkret beim Umgang mit dem Smartphone. Dies bedeutet:
– Suchen Sie Spiele-Apps aus, die zum Entwicklungsstand Ihres Kindes passen. Eine gute Übersicht bietet: http://de.gute-apps-fuer-kinder.de/ (Stand: 04.12.2013).
– Spielen Sie gemeinsam mit Ihrem Kind und erklären Sie Spielabschnitte, die es nicht versteht.
– Testen Sie die Apps vor dem ersten gemeinsamen Gebrauch.
– Nehmen Sie selbst Sicherheitseinstellungen auf dem Smartphone Ihres Kindes vor.

2. Vermeiden Sie Kostenfallen, indem Sie Sicherheitseinstellungen auf dem Smartphone Ihres Kindes durchführen.

Für jüngere wie ältere Kinder gilt: Nicht jeder Dienst und jedes Angebot auf dem Smartphone, das sich an Kinder richtet, kann bedenkenlos genutzt werden. Selbst ein zunächst kostenlos erscheinendes Angebot kann sich später als kostenpflichtig herausstellen. Vorsicht ist bei den folgenden **Kostenfallen** geboten:

Wap-Billing: Abzocker-Werbung in Kinder-Apps
Eingeblendete Werbebanner in Kinder-Apps sind meist bunt und somit für Kinder kaum vom übrigen Inhalt zu unterscheiden. Gerade bei unseriösen App-Anbietern kann sich hinter Werbebannern eine Kostenfalle verbergen: Durch den Klick auf den Werbebanner öffnet sich eine spezielle Website

(Wap-Billing-Seite), durch die die persönliche SIM-Kartennummer an einen Drittanbieter übermittelt wird. Dieser kann dann relativ leicht die dazugehörige Mobilfunknummer herausfinden. Der Nutzer merkt erst dann etwas davon, wenn auf der Mobilfunkrechung ein hoher Geldbetrag erscheint.

Wie kann man sich davor schützen?
– Es sollte niemals Werbung in Apps angeklickt werden.
– Darüber hinaus können Sie Werbung auf dem Smartphone generell blockieren, indem Sie einen Werbeblocker installieren (beispielsweise AdBlocker für iOS).

In-App-Angebote
Kostenpflichtige Produkte, beispielsweise zusätzliche Spiele oder Spielerweiterungen, die innerhalb einer ansonsten kostenlosen App verkauft werden, nennt man In-App-Angebote. Gerade jüngeren Kindern ist oft nicht klar, dass sie beim Anklicken des Angebots auf eine Seite zum Bezahlen weitergeleitet werden.

Wie können Sie In-App-Käufe verhindern?
– In-App-Käufe können auf dem Smartphone auf einfache, je nach Betriebssystem unterschiedliche Art und Weise gesperrt oder beschränkt werden. Die Website *klicksafe.de* zeigt Schritt für Schritt, wie die Sperrung bzw. Beschränkung in den „Einstellungen" der Smartphone-Betriebsysteme von Apple (iOS), Google (Android) und Windows eingestellt werden kann: http://www.klicksafe.de/themen/kommunizieren/smartphones/apps-abzocke/ (Stand: 09.05.2014).
– Darüber hinaus können auf dem Smartphone WLAN und Bluetooth deaktiviert werden. Kinder können sich dann nicht in ungeschützte Netzwerke einwählen. Eine einfache Anleitung für Android-Smartphones findet sich unter: http://schau-hin.info/sicherheitseinstellungen/smartphone/iphone.html (Stand: 04.12.2013).

Abofallen
Abofallen verbergen sich hinter Angeboten auf dem Smartphone, die nur scheinbar kostenlos sind. Will man vermeintlich kostenlose Programme, Klingeltöne oder Spiele herunterladen, gibt Name, Adresse ein und klickt auf Bezahlen, führt dies oft zum Abschluss eines mehrjährigen Vertrags, ob-

wohl dies vom Nutzer gar nicht gewollt war. Für solche Abofallen sind sogenannte Drittanbieter verantwortlich, die die Kosten über die Mobilfunkrech-
nung geltend machen.

Wie kann man sich davor schützen?
Verlangen Sie von Ihrem Mobilfunkanbieter eine Drittanbietersperre.
Auf diese Weise können Sie unberechtigte Forderungen per Rechnung
verhindern. Auf der Website der Verbraucherzentrale Niedersachsen finden Sie einen Musterbrief, den Sie zu diesem Zweck verwenden und für
eine Gebühr herunterladen können: http://www.verbraucherzentrale-
niedersachsen.de/link1810509A.html (Stand: 04.12.2013)

**Zwei weitere Kostenfallen nutzen den unbesorgten Umgang mit
SMS und Telefonnummern aus:**
– Service- und Sonderrufnummern oder spezielle SMS, über die Dienste
  bestellt werden können, zum Beispiel Klingeltöne, Logos etc.
– Abwesenheitsanrufe (auch Lockanrufe genannt), die nach einmaligem
  Klingeln abgebrochen werden und beim Smartphonenutzer einen
  Rückruf motivieren sollen, der kostenpflichtig sein kann.

Wie kann man sich davor schützen?
– Verabreden Sie mit Ihrem Kind, dass es keine Service- und Sonderruf-
  nummern wählt und unbekannte Rufnummern nicht zurückruft.
– Die Bestellung von SMS-Diensten ist etwas für ältere Kinder, die schon
  Erfahrung mit einem Prepaid-Vertrag haben. Machen Sie die erste Be-
  stellung zusammen, nachdem Sie sich über die Kosten informiert haben.

Tipp

Was tun, wenn Kinder in eine Kostenfalle getappt sind?
Die EU-Initiative Klicksafe empfiehlt für diesen Fall auf ihrem Flyer „Abzocke
im Internet: Erst durchblicken – dann anklicken!" folgende Vorgehensweise:
http://www.klicksafe.de/service/materialien/broschueren-ratgeber/
abzocke-im-internet-erst-durchblicken-dann-anklicken/ (Stand: 04.12.2013):
– „Haben Minderjährige den vermeintlich kostenlosen Vertrag ab-
  geschlossen, sollten die Erziehungsberechtigten dem Anbieter
  schreiben, dass sie den Vertrag nicht genehmigen, dass sie den

Vertrag widerrufen und die Anfechtung wegen Irrtums erklären (per Einschreiben!). Musterschreiben dazu gibt es bei Ihrer örtlichen Verbraucherzentrale oder auf der Internetseite der Verbraucherzentrale Nordrhein-Westfalen: ◢ **www.vz-nrw.de**

- Lassen Sie sich von Mahnungen und Inkassoschreiben des Anbieters nicht unter Druck setzen. Sie müssen erst handeln, wenn Sie einen gerichtlichen Mahnbescheid erhalten.
- Suchen Sie rechtlichen Rat und Unterstützung bei Ihrer örtlichen Verbraucherzentrale."

Generell gilt: Solange Kinder noch unerfahren sind, mit einem Smartphone selbstständig umzugehen, ist ein Prepaid-Vertrag mit Guthabenkonto die erste Wahl. Prepaid-Verträge bieten am ehesten die Möglichkeit, die Kosten zu kontrollieren, weil das Guthaben begrenzt ist. Alternativ kann bei bestimmten Mobilfunkanbietern ein Laufzeitvertrag mit Kostenbegrenzung oder ein spezieller Tarif für Kinder und Jugendliche gewählt werden.

Aber auch bei Prepaid-Verträgen ist Vorsicht geboten: Die Kosten für ein Spiele- oder Klingeltonabo laufen weiter, auch wenn die Prepaidkarte leer ist. Nach dem Aufladen der Karte werden die angesammelten Kosten vom neuen Guthaben abgezogen, sodass auch die neue Prepaidkarte schnell wieder aufgebraucht sein kann. Kostenkontrolle ist also auch bei Prepaid-Verträgen wichtig.

Weiterführende Informationen zum Umgang mit Kostenfallen auf Smartphones und Handys:

Die EU-Initiative Klicksafe zeigt Eltern mit einfachen Tipps, wie sie das Smartphone ihrer Kinder sicherer machen können: **www.klicksafe.de/smartphones/** (Stand: 04.12.2013)

Worauf Eltern bei Kostenfallen achten sollten, zeigt die Verbraucherzentrale Niedersachsen: ◢ **www.verbraucherzentrale-niedersachsen.de/link1810556A.html** (Stand: 09.05.2014)

Einfache Regeln, Sicherheitstipps und Empfehlungen für kindgerechte Apps bietet die Initiative von Bundesregierung und Medien SCHAU HIN!: ◢ **www.schau-hin. info/medien/mobile-geraete.html** (Stand: 04.12.2013)

Mobile Spielkonsolen

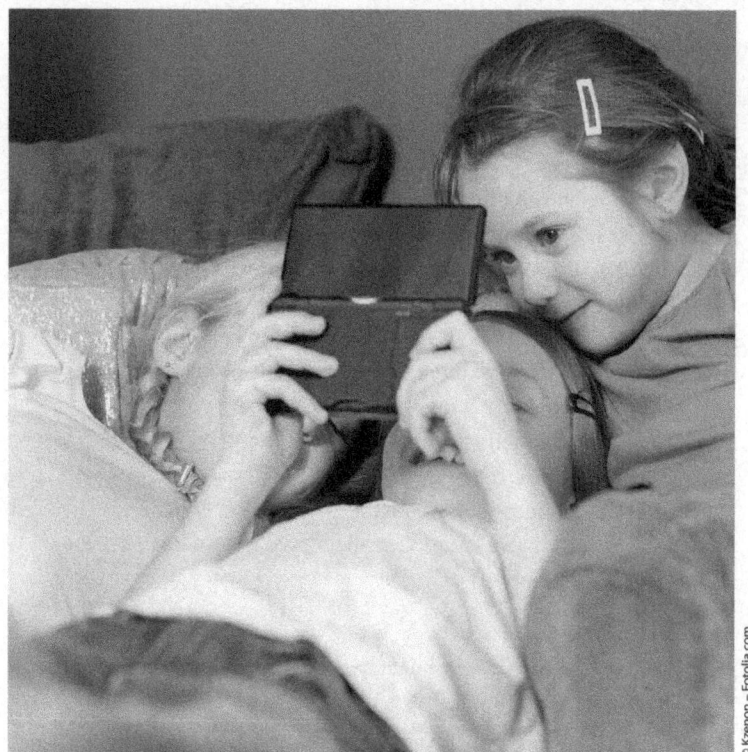

Kinder lieben das Spiel mit mobilen Konsolen, auch, weil sie sie immer dabei haben und jederzeit losspielen können.

Das Kapitel in Stichworten

+ Übersicht über die aktuellen Spielgenres und die beliebtesten Spiele
+ Doppelte Qual der Wahl: welches Spiel und welche Hardware?
+ Einen Flop vermeiden: Beteiligen Sie Ihr Kind an der Spielauswahl
+ Unerwünschte Spiele: Erklären Sie Ihrem Kind Ihre Gründe

Welche Spiele sind für Kinder empfehlenswert und welche Spiele sollten Eltern ihnen nicht an die Hand geben?

Mein Sohn Tim (8) findet Computerspiele super. Da er sich nichts mehr wünscht als eine eigene mobile Spielkonsole, möchten wir ihm eine zum Geburtstag schenken. Aber wir tun uns sehr schwer damit, geeignete Spiele für ihn zu finden. Wie stellen wir das am besten an?

Mit der Wahl des passenden Computerspiels für ihr Kind sind Eltern wirklich gefordert. Es ist empfehlenswert, sich zunächst einen Überblick über die ganze Vielfalt des Computerspielemarkts zu verschaffen. Denn ebenso wie Filme lassen sich auch die virtuellen Spiele in unterschiedliche Genres einteilen und in jedem von ihnen gibt es Spiele, die für Kinder geeignet sind. Folgende Genres finden Sie derzeit auf dem Markt:

Actionspiele

Hier muss der Spieler Hindernisse überwinden, Fahrzeuge und Spielfiguren ins Ziel bringen oder Gegner durch Kampf besiegen. Die Spielfiguren haben unter Zeitdruck verschiedene Level (Abschnitte) und Aufgaben zu bewältigen sowie ein Ziel zu erreichen. Ein Sub-Genre der Actionspiele sind die **Shooter**, die vor allem für jüngere Kinder nicht zu empfehlen sind (vgl: Kapitel 16: „Gewalt in Computerspielen", Seite 98 ff.). Ein weiteres Sub-Genre sind die **Jump'n'-Runs**, bei denen Springen und Rennen im Mittelpunkt stehen. Ein klassisches Beispiel dafür sind die *Mario-Spiele* für den Nintendo DS. Actionspiele verlangen von Kindern, sehr geschickt, taktisch, reaktionsschnell und aufmerksam zu agieren. Eltern sollten gerade bei diesem Genre bei der Auswahl darauf achten, dass im Spiel keine brutalen und menschenverachtenden Themen vorkommen.

Abenteuer- / Adventurespiele

In Abenteuerspielen gilt es, eine Geschichte voranzutreiben, indem der Spieler Rätsel löst, die Gegend erkundet, mit anderen Spielfiguren redet und zusammenarbeitet sowie Informationen sammelt. Dabei agiert der Spieler hier meist nicht unter Zeitdruck. Ein Beispiel ist *LEGO Pirates oft the Caribbean* für die PSP und andere Konsolen. Für Abenteuerspiele benötigen Kinder strategisches Geschick und die Fähigkeit, sich in eine Fantasiewelt hineinzuversetzen. Auch bei diesem Genre sollten Eltern bei der Auswahl darauf achten, dass das Spiel auf brutale und menschenverachtende Themen verzichtet.

Simulationen und Strategiespiele

In Simulationen müssen realistische Spielwelten virtuell gemanagt werden: Tierbabys werden umsorgt, Bauernhöfe geführt, Fahrzeuge gesteuert oder ganze Völker und Gesellschaften gelenkt. In Strategiespielen baut der Spieler die Infrastruktur einer Stadt, eines Heerlagers oder Planeten auf und setzt sich gegen Gegner mit kriegerischen oder diplomatischen Mitteln durch. Beispiel einer Simulation für die Pflege von Hunde- und Katzenbabys ist *Nintendogs* für den Nintendo 3DS, Beispiel für ein Strategiespiel *Anno* für den Nintendo DS.

Simulationen und Strategiespiele können bei Kindern komplexes und vernetztes Denken fördern. Daher ist es wichtig, ein altersgerechtes Spiel auszusuchen.

Lernspiele / Edutainment

Lernspiele und Edutainment-Angebote (vgl.: Kapitel 14: Spielerisch lernen, Seite 84 ff.) werden speziell für Kinder gestaltet. Sie sollen durch Lernaufgaben Wissen über Natur, Umwelt, Technik, Geschichte oder Kompetenzen zu den Schulfächern Deutsch, Mathematik oder Englisch erwerben. Als Belohnung für das richtige Lösen von Aufgaben winkt ein Spiel. Ein Beispiel für den Nintendo DS ist *Lernerfolg Grundschule Mathematik, Klasse 1– 4*.

Lernspiele und Edutainment-Angebote können eine sinnvolle Ergänzung zum Lernen in KiTa und Schule sein. Bei Schulkindern sollten Eltern darauf achten, dass die Themen des ausgewählten Spiels auf den Stoff des Unterrichts abgestimmt sind.

Sport- und Rennspiele

In Sport- und Rennspielen werden bestimmte Sportarten simuliert, zum Beispiel Fußball, Tennis oder Rennsport. Im Vordergrund steht die Aufgabe, einen Wettbewerb unter Zeitdruck zu gewinnen. Beispiele sind das Fußballspiel *FIFA Football* für die PS Vita oder das Rennspiel *Mario Kart* für den Nintendo 3DS.

In Sport- und Rennspielen geht es darum, schnell auf neue Situationen zu reagieren und sich in der Spielwelt räumlich zu orientieren. Daher können sie das Wahrnehmungs- und Reaktionsvermögen von Kindern stärken.

Damit ein Computerspiel später nicht auf Desinteresse stößt, sollten Kinder in die Auswahl mit einbezogen werden. Gehen Sie also zusammen die in Frage kommenden Spiele durch und entscheiden Sie gemeinsam. Nur, wenn das Spiel den Neigungen, Erfahrungen und Kompetenzen Ihres Kindes sowie seinem Entwicklungsstand entspricht, wird es von ihm auch als interessant empfunden werden.

Tipp

Mit der Auswahl der Spiele müssen Sie auch über die passende Hardware entscheiden. Auf dem Markt für mobile Spielkonsolen stehen unterschiedliche Geräte mit verschiedenen Funktionen zur Auswahl. Wenn Sie sich nicht sicher sind, sollten Sie sich für die Konsole entscheiden, die Ihnen die größte Spieleauswahl bietet und zum Entwicklungsstand Ihres Kindes passt.

Am weitesten verbreitet sind die Konsolen von Nintendo (DS, DSi, 3DS, 2DS etc.) und Sony (PSP E-1000, PSP Vita etc.). Eines der marktführenden Geräte, der Nintendo DS, verfügt aktuell über zwei Bildschirme. Der obere Bildschirm bildet den Spielverlauf ab, während der untere per Berührung bedient wird (Touchscreen). Die Steuerung des Spiels wird durch einen Touchpen vereinfacht. Über ihn können Spielfiguren exakt bewegt, Felder angetippt und Gegenstände verschoben werden. Einige Spiele lassen sich auch über ein integriertes Mikrofon per Spracheingabe steuern. Sowohl mit dem DS als auch mit der PSP kann der Spieler gemeinsam mit anderen spielen – im Team und/oder gegeneinander. Viele der angebotenen Geräte machen es möglich, dass die Spieler auch im Internet surfen, mit Freunden chatten, Audiodateien abspielen und über die integrierte Kamera Bilder aufnehmen können.

Bei der Auswahl der Spiele spielt auch das Geschlecht eines Kindes eine Rolle, denn Jungen haben andere Lieblingsspiele als Mädchen[22]: Zu den Spitzenreitern der Jungen gehört die Fußballsimulation *FIFA*, bei der sich der Spieler mit seinem Team auf Turniere vorbereiten und zum Meisterschafts-

---

[22]   Vgl.: MPFS (2013): *KIM-Studie 2012. Kinder + Medien, Computer + Internet. Basisuntersuchung zum Medienumgang 6- bis 13-jähriger Kinder in Deutschland.* Stuttgart. ◢ **http://www.mpfs.de/fileadmin/ KIM-pdf12/KIM_2012.pdf** (Stand: 18.02.2014)

pokal vorarbeiten muss. Bei den Mädchen ist besonders die Alltagssimulation *Die SIMS* beliebt. Der Spieler erschafft einen einzelnen Sim oder Gruppen von Sims und lenkt dessen bzw. deren Existenz.

Allerdings sollten Eltern nicht nur Spiele kaufen, die sich ausdrücklich an Jungen oder Mädchen richten (zum Beispiel: *Prinzessin Lillifee, Lego Star Wars*). Diese Spiele sind pädagogisch fragwürdig, weil sie meist Rollenklischees anbieten. Da es zurzeit schwierig ist, mobile Computerspiele für Kinder zu finden, die ganz auf Stereotype verzichten, empfiehlt es sich, seinem Kind eine Mischung aus typischen Jungen- und Mädchenspielen anzubieten.

Hintergrund

Was Eltern wissen sollten

Mobile Spielkonsolen (Nintendo DS, Nintendo 3DS, PSP etc.) werden besonders von jüngeren Kindern genutzt, das heißt, etwa zwei von drei Kindern im Alter zwischen sechs und neun Jahren spielen damit mindestens einmal pro Woche[23]. Mit zunehmendem Alter verlieren die mobilen Konsolen bei Kindern an Attraktivität, dafür werden bei ihnen die stationären Konsolen (Xbox, Wii, Playstation etc.) beliebter. Wenn Kinder von sechs bis 13 Jahren mit mobilen Spielkonsolen spielen, besitzen sie durchschnittlich 13 Computerspiele. Jungen spielen lieber mit Computerspielen als Mädchen. Während sich zwei von drei Jungen (59 Prozent) gerne mit den digitalen Spielen beschäftigen, sind es bei den Mädchen nur halb so viele. Dies sagt jedoch nichts über die Computerspielkompetenz aus. Mädchen und Jungen können gleichermaßen gut mit Spielkonsolen umgehen, vorausgesetzt, sie erhalten überhaupt die Möglichkeit, Erfahrungen mit digitalen Spielgeräten zu sammeln.

Schutz vor ungeeigneten Computerspielen ist auch bei mobilen Spielkonsolen ein wichtiges Thema. Mobile Spiele müssen in Deutschland mit einer Alterskennzeichnung der Unterhaltungssoftware Selbstkontrolle (USK) versehen sein (siehe Kapitel 15: Jugendschutz und Computerspiele, Seite 90 ff.). Repräsentative Untersuchungsergebnisse zeigen, dass drei Viertel der computerspielenden Kinder von 6 bis 13 Jahren eine solche Alterskennzeichnung, die auf der Spieleverpackung und dem Datenträger abgebildet ist,

[23] Ebd.

schon einmal gesehen haben[24]. Dies bedeutet jedoch auch: Ein Viertel der Kinder nimmt die Jugendschutzkennzeichnung gar nicht wahr. Eltern sollten also auf diese Kennzeichnungen besonders hinweisen, damit Kinder deren Zweck verstehen.

Tipp

Kinder tauschen ihre Computerspiele gern untereinander. Da kann es auch schon mal passieren, dass sich ein Kind Spiele besorgt, die man als Eltern für unangemessen hält. Wenn Eltern dies bemerken, sollten sie unbedingt reagieren. Allerdings helfen auch ständige Kontrolle und Verbote nicht weiter – sie führen leicht zum *heimlichen* Computerspielen. Eine passende medienerzieherische Haltung ist vielmehr, wenn Eltern mit ihren Kindern über die unerwünschten Spielprodukte sprechen und ihnen Argumente für ein besseres Spielverhalten vermitteln. Dazu sollten Eltern aber wissen, wie Computerspiele auf mobilen Konsolen funktionieren, welche Spiele ihr Kind aktuell besonders gern spielt und was es daran so fesselnd findet.

Weiterführende Informationen

Feibel.de ist die Internetseite des renommierten Fachjournalisten Thomas Feibel. Der Autor von Ratgeberliteratur für Kindersoftware führt auf seiner Internetseite seinen „Kinder-Software-Ratgeber" online weiter, der die derzeit wohl umfangreichste öffentliche Datensammlung (nicht nur) für Konsolenspiele im deutschsprachigen Raum darstellt. ⚐ **www.feibel.de/** (Stand: 30.03.2014)

Der Spieleratgeber NRW bietet neben Basisinformationen über Computerspiele eine „Spielesuche" an, die zu ausführlichen Beschreibungen und gehaltvollen pädagogischen Bewertungen von Computer- und Konsolenspielen führt. ⚐ **www.spieleratgeber-nrw.de** (Stand: 30.03.2014)

Medientipp für Kinder

Ein spannendes Buch für Jugendliche, aber auch für leseerfahrene Kinder ab zwölf Jahren, das die Geschichte von Nick erzählt, der sich in die virtuelle Fantasiewelt von Erebos, einem mysteriösen Computerspiel, begibt. Dieses Spiel befiehlt jugendlichen Gamern, mörderische Aufträge in der Realität zu erfüllen: Poznanski, Ursula (2010): *Erebos*. Loewe, Bindlach.

---

[24] Ebd.

© Irina Schmidt – Fotolia.com

Gerade kleine Kinder haben ein oft intuitives Verständnis für den Umgang mit Tablets. Deshalb ist es notwendig, dass Eltern die Nutzung sinnvoll begleiten.

Das Kapitel in Stichworten

✚ Tablets: erste Spielerfahrungen mit den digitalen Medien
✚ Bei kleineren Kindern: Apps gemeinsam nutzen
✚ Bei größeren Kindern: Besprechen Sie, was in Ordnung ist und was nicht
✚ Informieren Sie sich: Der Kinder-App-Markt ist kein Schonraum

Ab welchem Alter oder Entwicklungsstand können Kinder sinnvoll damit umgehen?

Wir sind zu Hause ziemlich gut mit der neusten Technik ausgestattet und haben unter anderem auch ein Tablet. Eigentlich möchte ich meine Tochter Marie (5) damit spielen lassen – sie findet es einfach toll, auf dem Tablet zu tippen, zu zoomen oder zu wischen. Aber ich bin mir unsicher: Ist das Gerät wirklich für Kinder dieses Alters geeignet?

Gerade **Tablets** – ausgestattet mit den richtigen Apps – bieten gute Möglichkeiten, um Kinder schrittweise an die digitalen Medien heranzuführen. Denn mit einem Tablet eröffnen Sie sich gemeinsam mit Ihrem Kind viele gute Möglichkeiten, um zu spielen, zu malen oder sogar erste Erfahrungen mit Sprache und Lesen zu vermitteln. Im Mittelpunkt der Nutzung von Tablets durch Kinder stehen **Apps** (Kurzform des englischen Wortes „application"), also Anwendungsprogramme. Gelungene Apps für kleinere Kinder sind einfach aufgebaut, haben immer wiederkehrende und einprägsame Funktionen und bieten Raum für Entdeckungen: So können Musikstücke komponiert, Geschichten vorgelesen, Rätsel gelöst oder Spielfiguren zum Leben erweckt werden.

Tablets und Apps bieten auch Vorteile gegenüber dem normalen Computer, weil sie weniger komplex und dadurch einfacher zu bedienen sind. Genauso wie für das Fernsehen gilt aber, dass es unbedingt notwendig ist, dass Sie mit Ihrem Kind verlässliche Regeln für die Nutzung vereinbaren.

Solange Ihr Kind noch unerfahren im Umgang mit dem Tablet ist, sollten Sie es nicht mit dem Gerät alleine lassen. Vor allem bei jüngeren Kindern ist es sinnvoll, wenn Sie dabei sind, wenn Ihr Kind eine App nutzt. Das zeigt sich besonders gut bei interaktiven Bilder- und Vorlesebüchern: Sie können die App ergänzend zu einem normalen Buch nutzen und Ihrem Kind aus der App vorlesen. Anschließend oder zwischendurch können die spielerischen Teile der App genutzt werden.

Sobald Ihr Kind das Tablet auch alleine nutzen darf, sollten Sie mit ihm verabreden, welche Apps und wie lange es mit dem Tablet spielen darf. Legen Sie zuvor über die Sicherheitseinstellungen des Tablets fest, dass ausschließlich solche Apps angezeigt werden, die für das Alter Ihres Kindes geeignet sind. Dabei ist allerdings zu beachten, dass sich die Alterskennzeichnungen auf die Angaben des App-Anbieters beziehen, es sich also nicht um eine

13

Einstufung nach pädagogischen Kriterien handelt. Nach und nach können Sie Ihr Kind dann immer selbstständiger agieren lassen.

Um Kindern keinen unbeschränkten Zugriff auf Internet, Apps und Einstellungen zu gewähren, empfiehlt es sich, die Sicherheitsregeln am Gerät festzulegen: Je nach Betriebssystem Ihres Tablets können Sie beispielsweise einstellen, ob Ihr Kind generell online gehen, Mails abrufen, Apps installieren und kostenpflichtige Erweiterungsprogramme von Spielen und Spielgüter innerhalb von Apps („In-App-Käufe") downloaden darf oder nicht.

Übrigens verarbeiten Kinder ihre Medienerfahrungen nicht nur, indem sie ihre Erlebnisse nachspielen, sondern auch dadurch, dass sie über das Erlebte mit ihren Eltern, Geschwistern und natürlich auch Freunden ins Gespräch kommen wollen. Dadurch erfahren Sie auch, was Ihrem Kind in einer Geschichte oder bei einem bestimmten Spiel besonders wichtig ist. Seien Sie deshalb offen dafür, während und nach einer App-Nutzung Fragen über deren Inhalte und Funktionalität zu beantworten (siehe: „Grundlegende Tipps", Nr. 3, 4 und 7, Seiten 122 ff. und 124 ff.).

Über das bisher Gesagte hinaus gibt es aber noch weitere Vor- und Nachteile mobiler Geräte und Apps zu bedenken, die in jedem Fall in die elterliche Entscheidung einfließen sollten.

Die wichtigsten Vorteile für den Tablet-Einsatz bei kleinen Kindern sind die folgenden:

– Tablets können leicht bedient werden. Wenn man kleine Kinder beobachtet, wie sie schon im Alter von etwa zwei Jahren mit Tablets und Apps umgehen, wird schnell klar: Sie benutzen diese mobilen Endgeräte intuitiv und selbstverständlich. Das liegt vor allem daran, dass sie den haptischen Fähigkeiten von kleinen Kindern entgegenkommen: Wischen, ziehen, tippen, drehen und schwenken ist das, was die Kinder zunächst können müssen, um Apps bedienen zu können. Im Gegensatz dazu ist die Handhabung von Maus, Tastatur und Computersoftware bei feststehenden Computern eher umständlich.

– Tablet-PCs bieten integriert auf einem Gerät viele Funktionen an, für die früher verschiedene Geräte gekauft werden mussten: Computer, Fotoapparat, Videokamera und Mikrofon. Außerdem sind sie schnell und flexibel an unterschiedlichen Orten einsetzbar, wenig störanfällig und haben eine relativ lange Akkulaufzeit.

- Die Apps halten eine Vielzahl von altersgerechten Bilderbuch- und Vorlesegeschichten für die Sprach- und Leseförderung bereit. Außerdem sind in den letzten Jahren zahlreiche empfehlenswerte Bücher für Vorschulkinder als Apps digitalisiert worden. Insgesamt gibt es inzwischen eine Menge lustiger und gut animierter Spiele, die sowohl für einen Einzelspieler als auch für das gemeinsame Spielen gut geeignet sind.

Und das sind die größten Nachteile:
- Das App-Angebot für Kinder ist zwar sehr groß, zugleich ist es aber auch sehr unübersichtlich. Die digitalen Kaufhäuser für Apps (der App Store von Apple, der Android Market von Google und der Windows Store von Windows – um nur die größten zu nennen) wirken auf Eltern im Bereich der Programme für Kinder ungeordnet und verworren. Deshalb fällt die Auswahl einer geeigneten Kinder-App oftmals schwer.
- Für Eltern ist es schwierig herauszufinden, ob Kinder-Apps auch pädagogisch gut sind und ob diese für den Entwicklungsstand des eigenen Kindes passen. In den App Stores der Anbieter müssen sie sich vor allem auf die Bewertungen von anderen Nutzern verlassen. Das kann zwar hilfreich sein, sorgt aber manchmal für noch größere Verunsicherung. Besser wäre es, wenn sich die Eltern nach einem Bewertungssystem richten könnten, in dem unabhängige Experten die Qualität von Kinder-Apps nach pädagogischen Kriterien ermittelt haben. Eines der seltenen Beispiele dafür ist die Datenbank des Deutschen Jugendinstituts „Apps für Kinder", die Eltern und Pädagogen dabei helfen möchte, nicht nur pädagogisch gelungene Apps zu finden, sondern auch solche, die unter Kindern stark verbreitet sind, aber von Erwachsenen vielleicht nicht uneingeschränkt als geeignet angesehen werden.

13

Hintergrund

Die Nutzung von mobilen Endgeräten (dazu gehören: Spielkonsole, Handy, Smartphone, Multimediaplayer oder Tablet) ist bei Kindern im Alter von fünf bis 13 Jahren weit verbreitet. An erster Stelle stehen dabei die mobilen Spielkonsolen (Nintendo DS, Playstation Portable etc.). Aber auch die Nutzungsrate von Tablets (und Smartphones) nimmt bei Kindern in den letzten Jahren stetig zu. Spielen ist das, was die Kinder vor allem auf den mobilen Geräten machen.[25] Analysen des gegenwärtigen Spielemarkts zeigen, dass Denk- und Geschicklichkeitsspiele und interaktive Bilderbücher bei den Apps für Kinder am beliebtesten sind. Schauen wir uns drei „ausgezeichnete" Beispiele an:

– *Pushy* von der Medienwerkstatt Mühlacker Verlagsges.mbH: *Pushy* ist ein Denk- und Geschicklichkeitsspiel für Kinder ab vier Jahren, bei dem man die Fähigkeiten der Spielfigur Pushy von Level zu Level erweitern muss – durch das Rollen von Kugeln, das Drücken von Schaltern oder das Schieben von Kisten. Grafisch und technisch ist die App sehr ansprechend für Kinder umgesetzt worden. 2012 hat *Pushy* den Deutschen Kindersoftwarepreis als beste Kinder-App erhalten.

– *Kleiner Fuchs* von Fox & Sheep: *Kleiner Fuchs* ist ein interaktives Lieder- und Bilderbuch für Kinder ab vier Jahren, in dem eigene Lieder spielerisch komponiert, drei Kinderliedklassiker („Der Mond ist aufgegangen", „Londons Brücke", „Old Mac Donald") angehört und über eine Karaoke-Funktion mitgesungen werden können. Die App ist sehr anspruchsvoll illustriert und lädt schon kleine Kinder zum Mitmachen ein.

– *Der kleine* Pirat, Oetinger Verlag: Die App *Der kleine Pirat* für Kinder ab vier Jahren ist die interaktive Umsetzung des beliebten Kinderbuchs und enthält zugleich viele Elemente eines Geschicklichkeitspiels. Neben der spannenden Piratengeschichte müssen Schatzkisten gefüllt, Kanonen abgefeuert oder Perlen sortiert werden. Auch diese App ist in gelungener Weise kindgerecht illustriert.

Kinder-Apps eignen sich aufgrund der oftmals geringen Komplexität der Spiel- und Erzählstrukturen besonders gut für das Spielen und Vorlesen bzw. Mitsingen zwischendurch. Neben interaktiven Bilderbüchern sowie Denk- und Geschicklichkeitsspielen sind Kinder-Apps weiterer Genres erhältlich: **Action, Adventure, Jump 'n' Run, Lernspiele (Edutainment), Rollenspiele, Sport- und Rennspiele, Simulation, Strategie** (Vgl. die Erklärung dieser Spiel-Genres in Kapitel 12: Mobile Spielkonsolen, Seite 72 ff.).

---

[25] MPFS (2013): *KIM-Studie 2012. Kinder + Medien, Computer + Internet. Basisuntersuchung zum Medienumgang 6- bis 13-jähriger Kinder in Deutschland.* Stuttgart. ⚡ http://www.mpfs.de/fileadmin/KIM-pdf12/KIM_2012.pdf (Stand: 18.02.2014)

Jedoch stellt auch der App-Markt keinen Schonraum für Kinder dar. Nicht jede Kinder-App kann bedenkenlos geladen werden, genannt seien hier vor allem zwei Probleme:

– Bei *Malware-Apps* (schädliche Apps) handelt es sich zum Beispiel um Apps, die besonders viele Daten des Nutzers (zum Beispiel Bewegungsdaten oder Daten aus Adressbüchern) sammeln und an die Entwickler – zum Weiterverkauf für Werbezwecke – weiterreichen.

– Sogenannte *In-App-Werbung bzw. In-App-Käufe* fassen Erweiterungsprogramme oder Spielgüter zusammen, die in der App zum Kauf angeboten werden. Oft werden diese Kaufangebote nicht deutlich genug vom Inhalt eines interaktiven Bilderbuchs oder Spiels abgegrenzt. Insbesondere bei jüngeren Kindern besteht hier Verwechslungsgefahr. Für Eltern ist es in beiden Fällen ratsam, sich vor dem Kauf der Kinder-App die Bewertungen in den jeweiligen digitalen App-Kaufhäusern durchzulesen, um einen Hinweis auf die Seriosität des Anbieters zu erhalten. Zudem: Wenn Sie eine Kinder-App gekauft haben, in der In-App-Käufe ermöglicht werden, sollten Sie in den Einstellungen Ihres Tablets diese Option sperren.

Weiterführende Informationen

Die Datenbank „Apps für Kinder" des Deutschen Jugendinstituts enthält mehr als 150 Kinder-Apps, die nach verschiedenen Qualitätsmerkmalen pädagogisch bewertet sind. ◢ http://www.dji.de/index.php?id=43348 (Stand: 18.02.2014)

Auf der Website der Initiative SCHAU HIN! erfährt man praktische Tipps über den sicheren Umgang mit Medien. Man bekommt zudem Kenntnis davon, wie und welche Sicherheitseinstellungen auf dem Tablet vorgenommen werden können. ◢ http://schau-hin.info/ (Stand: 18.02.2014)

Die Stiftung Lesen bietet auf ihrer Website eine kommentierte Liste mit nützlichen Empfehlungen für interaktive Kinderbuch-Apps an. Diese kann kostenlos heruntergeladen werden. ◢ http://www.stiftunglesen.de/apps (Stand: 18.02.2014)

13

Gute Lernspiele vermitteln schulische Inhalte auf unterhaltsame, spielerische Weise.

Das Kapitel in Stichworten

+ Warum die spielerische Aneignung von Lernstoff motivieren kann
+ Wann die Anschaffung eines Lernspiels sinnvoll ist oder nicht
+ Wo und wie sich Eltern informieren können
+ Edutainment und digitale Spiele: Begriffserklärung und Unterschiede

Können sich Schüler Schulstoff durch Lernspiele „spielerisch" erarbeiten?

Unser Sohn Moritz (8) spielt viel am Computer und mit seiner Spielkonsole. Ich würde ihm gerne mal ein digitales Spiel schenken, mit dem er auch etwas für die Schule lernt und seine Noten verbessert. Worauf sollte ich achten und woran erkenne ich ein gutes Lernspiel? Und wie bekomme ich mein Kind denn überhaupt dazu, sich ein solches Spiel mal anzusehen?

Kinder motiviert es, wenn sie spielerisch lernen können – Spielen und Lernen sind für sie also keine Gegensätze. Es gibt Spiele für Computer, Spielkonsole und mobile Endgeräte (Smartphone, Tablet), die speziell für das spielerische Lernen entwickelt werden: Sie heißen „Edutainment-Programme" (eine genauere Begriffserklärung finden Sie auf Seite 87 f.) und versuchen, Spaß und Unterhaltung mit gleichsam „nebenher" stattfindendem Lernen über Natur, Umwelt, Technik oder zu den Fächern, Deutsch, Mathematik oder Englisch zu verbinden. Häufig werden dabei Figuren aus Film und Fernsehen aufgegriffen und mit Lernaufgaben verbunden (zum Beispiel *Peter Lustig* auf der CD-ROM *Löwenzahn* oder *Willi Weitzel* in *Willi wills wissen*: Bei den Wikingern).
Es ist sicher eine gute Idee, wenn Sie Ihren Sohn zuerst einmal mit Edutainment-Programmen bekannt machen, indem Sie an seine Interessen anknüpfen. Zeigt er sich dann offen für diese Art von Lernspielen, können Sie ihm in einem zweiten Schritt Inhalte anbieten, die eine größere Nähe zu seinem aktuellen Unterrichtsstoff haben. Suchen Sie dabei ein Fach aus, das Ihr Sohn gerne mag. Damit Sie Frust und unnötige Ausgaben vermeiden, sollte zuvor aber klar sein, ob solche Programme bei Ihrem Kind überhaupt eine Chance haben.

14

Edutainment-Software ist nicht für jedes Kind geeignet

Die Auswahl einer Edutainment-Software für ein Kind ist *sinnvoll*:
- wenn seine Eltern ihm das Lernen schmackhaft machen wollen, und zwar *ergänzend* zur Schule. Der Lernstoff, beispielsweise Grundrechenarten üben, Grammatik trainieren, wird mit dieser Software spielerisch vermittelt;

– wenn Eltern ihr Kind dabei unterstützen wollen, positive Lernerfahrungen zu machen. Dadurch können negative Einstellungen zum Lernen verändert werden.

Die Anschaffung eines Edutainment-Programms ist *weniger sinnvoll*:
– wenn ein Kind bereits viele Erfahrungen mit digitalen Spielen gesammelt hat. Viele neuere Edutainment-Programme von Bildungsverlagen sind zwar mit 3D-Technologie animiert, werden von spielerfahrenen Kindern aber oft nicht ernstgenommen, weil sie deren hohen Ansprüche an animierte digitale Spiele nicht erfüllen können;
– wenn ein Kind komplexe Lernaufgaben bearbeiten soll. Stattdessen beschränken sich die meisten Edutainment-Programme auf einfache Lernaufgaben, die nur Richtig-Falsch-Antworten zulassen, zum Beispiel bei Mathematikaufgaben und Vokabeltraining.

Wenn Eltern sich für die Anschaffung eines Lernspiels für Computer, Spielkonsole und mobile Endgeräte entschieden haben, stellt sich anschließend natürlich die Frage: Wie findet man ein geeignetes Produkt?

Immer empfehlenswert ist es, sich an die Vorschläge für gute Programme auf Websites von Softwareratgebern und Computerspielpreisen zu halten (siehe „Weiterführende Informationen"). Dabei ist es völlig unproblematisch, auch auf ältere Programme zurückzugreifen, die ebenfalls gut, aber in der Regel deutlich günstiger sein können.

Computerzeitschriften sind auch eine Informationsmöglichkeit, jedoch ist das gesuchte Genre dort nur eines unter vielen und oft das Fachvokabular für Nicht-Spieler etwas schwer zugänglich.

Eine naheliegende und sehr empfehlenswerte Auskunftsquelle sind andere Eltern, die bereits Erfahrungen mit Lernspielen für Computer und Spielkonsole gesammelt haben. Sie zu fragen, hat zudem den Vorteil, dass nicht nur Erfahrungen damit vorliegen, wie die Programme bei altersgleichen Kindern ankommen, sondern auch, wie andere Eltern mit vielleicht ähnlichen Erziehungsvorstellungen dieses Spiel beurteilen. Und eventuell leihen diese Familien ihre Programme ja auch einmal aus, damit sie gemeinsam mit dem eigenen Kind getestet werden können. Denn Lernspiele sollen sowohl Denken und Kreativität anregen als auch Spaß machen. Deshalb: Bevor viel Geld für ein Edutainment-Produkt ausgegeben wird, das ein Kind vielleicht schnell langweilig findet, ist es besser, das Kind in die Auswahl miteinzubeziehen. Gibt es niemanden in Ihrem Umfeld, von dem man sich eine bestimmte Lernsoftware probeweise ausleihen kann, empfiehlt es sich, in der Stadtbibliothek danach zu fragen oder sich auf der Website eines Lernspiel-Anbieters, eventuell auch direkt in einem Laden, der solche Programme verkauft, danach zu erkundigen.

Soll ein Lernspiel hingegen stärker an die aktuellen Lerninhalte anknüpfen, ist es ratsam, den Kauf mit den Lehrerinnen und Lehrern des eigenen Kindes abzustimmen. Denn Edutainment-Programme können das Lernen im Schulunterricht nicht ersetzen! Sie stellen allenfalls eine sinnvolle Ergänzung dar. Wenn Sie sich dann, nach reiflicher Überlegung, für eine bestimmte Lernsoftware entschieden haben: Begleiten Sie Ihr Kind interessiert bei der Erkundung des neuen Spiels (vgl.: „Grundlegende Tipps", Nr. 3 und 4, Seite 122 f.), denn ihm einfach nur die Software in die Hand zu drücken, reicht natürlich nicht!

Hintergrund

Die Frage, ob Kinder überhaupt durch Computerspiele lernen können und wenn ja, was, ist so alt wie das Medium selbst. Übrigens wird diese Frage bei jedem Auftreten eines neuen Mediums erneut gestellt. Doch was können oder könnten Kinder denn nun durch digitale Spiele lernen? Wir unterscheiden zuerst einmal zwischen zwei verschiedenen Gruppen von Spielen:

– zum einen gibt es die bereits erwähnten **Edutainment-Spiele**, die von Bildungsverlagen speziell für das Lernen von Kindern und Jugendlichen gestaltet werden, und

– zum anderen **digitale Spiele**, die in erster Linie für Unterhaltungszwecke produziert werden und kein pädagogisches Lernziel verfolgen.

Der Begriff **Edutainment** geht aus einer Zusammenführung von Education (Lernen) und Entertainment (Unterhaltung) hervor und beschreibt vielfältige Formen der Vermittlung von Wissen, Fakten oder anderen Bildungsinhalten, die zumeist pädagogisch motiviert sind und entsprechend der Alters- und Zielgruppe unterhaltungsorientiert in verschiedenen Medien aufbereitet werden.[26] Auch wenn der Begriff in der

14

[26] Vgl. Bleicher, Joan K.: *Edutainment*. In: Schorb, Bernd u.a. (Hrsg.): *Grundbegriffe Medienpädagogik*. Praxis Kopaed, München, 2009, Seiten 62–63.

Öffentlichkeit seit einigen Jahren in aller Munde ist, sind Beispiele für Edutainment im TV schon Jahrzehnte alt. Etwa, wenn Kindern in der *Sesamstraße* singend das Alphabet nahe gebracht wird oder wenn Armin von der *Sendung mit der Maus* acht Glühbirnen verwendet, um den binären Code mit Bits und Bytes als Grundlage von Computerkommunikation zu erklären.[27]

Ein Kernproblem aller Edutainment-Angebote ist das Verhältnis von Information und Unterhaltung: Überwiegt die Information, wenden sich Kinder schneller ab und finden das Angebot langweilig, überwiegt die Unterhaltung, werden die Formate dem Anspruch an einen Wissenszuwachs nicht gerecht. In der Gruppe der Edutainment-Spiele gibt es solche, die stark auf die Vermittlung von Information abzielen (sog. **Infotainment**) oder eine andere Richtung, die auf das Zurverfügungstellen von Werkzeugen ausgerichtet ist, um die Kreativität der Nutzer etwa bei der Musikproduktion zu unterstützen (sog. **Tooltainment**). Allen Edutainment-Programmen ist dabei gemeinsam, dass der pädagogische Lerneffekt beabsichtigt ist: Kinder sollen, wie bereits beschrieben, durch Lern- und Spielaufgaben Wissen über Natur, Umwelt, Technik, Geschichte oder zu den Hauptfächern Deutsch, Mathematik oder Englisch erwerben. Das Angebot an Programmen und Fächern wächst stetig. Dabei sind diese Edutainment-Angebote deutlich unterhaltsamer und komplexer, als etwa klassische Lernsoftware, wie zum Beispiel Vokabeltrainer oder Infosoftware.

Bei den **digitalen Spielen** verhält es sich anders: Ein pädagogischer Lerneffekt ist nicht beabsichtigt. Dennoch können Kinder durch die Spiele etwas lernen. Wir sprechen von *verhüllten Lerneffekten*, beispielsweise die Förderung von:

- Geschicklichkeit bei der Steuerung von digitalen Spielen, zum Beispiel durch Körperbewegungen, wie etwa bei Sportspielen für Kinect;
- Konzentrationsfähigkeit, beispielsweise bei Actionspielen oder Denkspielen;
- Taktikfähigkeiten, zum Beispiel bei Strategiespielen.

[27] Vgl. Maiwald, Armin (2009): DVD *Bibliothek der Sachgeschichten von und mit Armin Maiwald.* C3: *Computertastatur – Computer – Handy.*

Öffentliche Diskussion um mögliche negative Effekte des Spielkonsums

Neben positiven Lerneffekten wird in der Öffentlichkeit immer wieder die Frage von negativen Effekten eines (hohen) Spielekonsums diskutiert. Dabei ist es aber wissenschaftlich umstritten, welche negativen Lerneffekte digitale Spiele bei Kindern haben können. Fest steht, dass es in manchen digitalen Spielen problematische Inhalte gibt, beispielsweise:
- virtuelle Gewalthandlungen, die der Spieler ausüben muss, um erfolgreich das Spielziel zu erreichen. Die Gewaltanwendung als Problemlösungsstrategie wird im Spiel positiv bewertet;
- die Geschlechterrollen der Spielfiguren sind oft stereotyp und schwarz-weiß gezeichnet. So gibt es kaum weibliche Helden in digitalen Spielen, wenn überhaupt, begleiten sie den männlichen Held oder unterstützen ihn durch besondere Fähigkeiten.

Sowohl die positiven als auch die problematischen Inhalte in digitalen Spielen sind ein wichtiges Thema für Schule und Unterricht: Wissenschaftliche Analysen zeigen, dass Lehrerinnen und Lehrer an den Kernlehrplänen der Unterrichtsfächer (Deutsch, Sprachen, Geschichte, Mathematik etc.) sehr gut anknüpfen können, um digitale Spiele kritisch zu thematisieren. Etwa kann ein Computerspiel zum Thema „Ritter" dahingehend betrachtet werden, ob die dargestellte Lebensweise, Ausstattung und Sprache tatsächlich dem zeitlichen Kontext entspricht, oder ob sich bei der Umsetzung des Themas Fehler eingeschlichen haben. Es ist sinnvoll und notwendig, dass bei diesem Thema Schule und Elternhaus an einem Strang ziehen. Falls die Schule ihres Kindes sich nicht damit befasst, sollten Eltern dieses Engagement mit Hinweis auf die Relevanz des Themas selbstbewusst einfordern, zum Beispiel, indem sie einen Elternabend zum Thema anregen.

14

Weiterführende Informationen
Der Kindersoftwarepreis zeichnet mithilfe einer Fach- und Kinderjury gute Apps, Online-, Konsolen- und Computerspiele für Kinder zwischen sechs und 13 Jahren aus und möchte Eltern dadurch Orientierung ermöglichen. Vorgestellt werden Gewinner und Nominierte, USK-Freigabe, Altersempfehlung sowie der Preis der Software. ✐ **www.kindersoftwarepreis.de** (Stand: 02.01.2014)

Die altersmäßig richtigen Computerspiele für ein Kind auszuwählen, ist zeitintensiv, aber unbedingt notwendig, wenn das Kind gefordert, aber nicht überfordert sein soll.

Das Kapitel in Stichworten
✛ Rechtlicher Rahmen und Prüfpraxis der USK
✛ Wichtig vor dem Kauf: Information und Gespräch mit dem Kind
✛ Was die Alterskennzeichnungen und Prüfsiegel bedeuten
✛ Besonderheiten bei der Kennzeichnung von Online-Spielen

Können Eltern die USK-Alterskennzeichnung ausnahmsweise auch mal vernachlässigen?

Wir führen mit unseren Söhnen Julius (10) und Samuel (12) immer wieder Diskussionen über die Altersfreigaben von Computerspielen. Oft wollen die beiden irgendwelche Spiele nutzen, die für ihr Alter noch nicht frei gegeben sind. Samuel wünscht sich zum Geburtstag ein Computerspiel, das die USK 16 hat. Können wir eine Ausnahme machen?

Viele Eltern führen genau die gleichen Diskussionen wie Sie mit ihren Kindern, weil sie, wie Sie, die Altersfreigabe der „Unterhaltungssoftware Selbstkontrolle" (USK), die zum Beispiel auf den Schutzhüllen von Computerspielen abgedruckt ist, als Orientierungshilfe für die Erfüllung eines Wunsches nutzen. Da Kinder ihrerseits mit der Einstufung der USK ebenso oft nicht übereinstimmen, ist dies ein häufiger Grund für Auseinandersetzungen. Wie sollten Sie sich am besten verhalten?

Machen Sie bei dem Geburtstagswunsch Ihres zwölfjährigen Sohnes Samuel keine Ausnahme und kaufen Sie ihm *nicht* das Computerspiel, das von der USK erst ab 16 Jahren freigegeben ist. Der Entwicklungsunterschied zwischen Zwölf- und 16-Jährigen ist einfach zu groß. Die USK-Altersfreigabe „ab 16 Jahren" besagt nämlich im Umkehrschluss, dass das Spiel Inhalte enthält, die für Kinder und Jugendliche ab zwölf Jahren noch (zu) schwer zu verarbeiten sind. In der Prüfpraxis der USK (siehe auch: „Hintergrund") bekommen sogar Spiele, die eher für 14-Jährige geeignet sind, dennoch das Siegel „USK 12" („freigegeben ab 12 Jahren"). Das USK-Prüfsiegel sieht eine Stufe „freigegeben ab 14 Jahren" nicht vor. In solchen Fällen wird die Altersfreigabe in der Regel „verjüngt" und eher die nächst tiefere Alterseinstufung vergeben. Hier spielen also wirtschaftliche Interessen eine Rolle, was man als Käufer bedenken sollte.

Wichtig ist aber folgendes: Als Eltern kennen Sie den Entwicklungsstand und die Kompetenzen Ihres Kindes am besten. Es ist also durchaus legitim, wenn Sie aus diesem Grund – nach eingehender Information – die Entscheidung treffen, ein bestimmtes Computerspiel zu kaufen, auch wenn dabei die USK-Empfehlung nicht zum Alter Ihres Kindes passt. Die genannten Hintergründe bei der Einstufungspraxis der USK sollten Sie dabei berücksichtigen.

Begeben Sie sich unbedingt *zusammen* mit Ihrem Sohn auf die Suche nach einem digitalen Spiel, das für sein Alter freigegeben und dennoch für ihn

15

reizvoll ist. Nach Möglichkeit sollte es aus demselben Spiel-Genre wie das gewünschte Spiel stammen. Ganz wichtig: Beziehen Sie die Fach- und Genrekompetenz Ihres Sohnes mit ein. Soll es zum Beispiel ein Adventure-Spiel oder ein Shooter sein? Welche Spielewelten – etwa Fantasy oder Science-Fiction – sprechen ihn besonders an? Fragen Sie Ihren Sohn auch nach den Motiven, warum er sich ein bestimmtes Spiel wünscht, damit Sie seinen Wunsch besser einordnen können: Geht es tatsächlich um den Spiele-Inhalt oder darum, mit Gleichaltrigen mitreden (und mitspielen) zu können? Steht das Spiel in Zusammenhang mit anderen Hobbys oder Interessen Ihres Kindes? Ist er Fan eines bestimmten Spiel-Genres? (Zu den verschiedenen Spiel-Genres vgl.: Kapitel 12: Mobile Spielkonsolen, Seite 72 ff.)

Treffen Sie Ihre Auswahl und Kaufentscheidung immer zu Hause und in Ruhe. Orientieren Sie sich bei der großen Auswahl an Spielen auf dem deutschen Markt an hilfreichen Empfehlungen: Dafür gibt es neben zahlreichen Spielezeitschriften auch Internetangebote von verschiedenen Institutionen, die detaillierte Beschreibungen von vielen digitalen Spielen anbieten und zum Teil sogar pädagogische Empfehlungen aussprechen (siehe: „Weiterführende Informationen"). Aufgrund der großen Anzahl digitaler Spiele, die auf dem deutschen Markt erhältlich sind, finden sich gleichwohl nicht zu allen Spielen ergiebige Beschreibungen und Besprechungen.

Hintergrund

Computerspiele – egal, ob PC-, Konsolen- oder Online-Spiele – gehören für viele Kinder und Jugendliche zu den von ihnen selbstverständlich genutzten Medieninhalten. Die aktuelle Medienforschung zeigt auf, dass mehr als die Hälfte aller sechs- bis 13-jährigen Kinder mindestens einmal pro Woche digitale Spiele nutzt, ein Viertel spielt täglich. Dabei spielen mehr Jungen als Mädchen Computerspiele und nutzen diese auch zeitlich intensiver, was insgesamt mit steigendem Alter zunimmt. **Jump´n´Run-Spiele** (vgl.: Kapitel 12: Mobile Spielkonsolen, Seite 73 f.) führen noch vor **Fußball- und Rennspielen** die Liste der beliebtesten Spiele in dieser Altersgruppe an.[28] Der Markt für Computerspiele in

[28] Vgl.: MPFS (2013): *KIM-Studie 2012. Kinder + Medien, Computer + Internet. Basisuntersuchung zum Medienumgang 6- bis 13-jähriger Kinder in Deutschland.* Stuttgart. http://www.mpfs.de/fileadmin/ KIM-pdf12/KIM_2012.pdf (Stand: 18.02.2014)

Deutschland ist nicht nur riesig, sondern auch einer der lukrativsten in Europa. Laut Angaben des Bundesverbandes Interaktive Unterhaltungssoftware e. V. wurden im Jahr 2013 hierzulande insgesamt 69,5 Millionen Konsolen- und Computerspiele verkauft und damit 1,82 Milliarden Euro umgesetzt.[29] Alterskennzeichnungen spielen deshalb auch für die Hersteller eine entscheidende Rolle, da jugendliche Spieler zwar eine kleine, aber wichtige Zielgruppen sind.

Computer- und Konsolenspiele, die auf Trägermedien veröffentlicht werden, müssen in Deutschland seit dem Inkrafttreten des Jugendschutzgesetzes (JuSchG) im Jahr 2003 eine Alterskennzeichnung aufweisen. Diese vergibt die **Unterhaltungssoftware Selbstkontrolle (USK)**, eine Einrichtung im Sinne der „regulierten Selbstregulierung". Der Staat will hier nicht selbst eine Zensur aussprechen und übergibt die Kontrolle der Einhaltung der Gesetzgebung anderen Institutionen. In Deutschland kommen hier gesetzliche Vorgaben von zwei Ebenen zum Tragen: zum einen auf Bundesebene das Jugendschutzgesetz (JuSchG) und zum anderen auf Länderebene der Staatsvertrag über den Schutz der Menschenwürde und den Jugendschutz in Rundfunk und Telemedien (JMStV) – kurz Jugendmedienschutz-Staatsvertrag genannt. Die Aufsicht über die Befolgung der gesetzlichen Rahmenvorgaben durch den JMStV hat seit 2003 die Kommission für Jugendmedienschutz (KJM), die auch für die Anerkennung von Einrichtungen der Freiwilligen Selbstkontrolle zuständig ist[30].

Die USK prüft Computerspiele dahingehend, ob sie Inhalte aufweisen, die geeignet sind, eine altersangemessene Entwicklung von Kindern und Jugendlichen zu gefährden. Es werden daher Störfaktoren gesichtet und die Computerspiele *nicht nach einer Alterseignung* eingestuft. Die ausgesprochenen Alterskennzeichnungen sind somit ebenfalls keine Altersempfehlungen, wie sie durch andere Einrichtungen ausgesprochen werden und die häufig von der Alterskennzeichnung der USK abweichen (siehe: „Weiterführende Informationen"). Die Altersfreigaben von Computerspielen befinden sich auf den Verpackungen und den Trägermedien selbst und lauten äquivalent zu anderen Kennzeichnungen „Freigegeben ohne Altersbeschrän-

15

[29] Ebd.: Seite 46. Vgl. außerdem: www.biu-online.de/de/fakten/marktzahlen.html (Stand: 07.05. 2014)
[30] Vgl. Weigand, Verena: *Institutionen des Kinder- und Jugendschutzes*. In: Sander, U./von Groß, F./ Hugger, K.-U. (Hrsg.): *Handbuch Medienpädagogik*. VS Verlag, 2008, S. 533–538.

kung", „Freigegeben ab 6", „Freigegeben ab 12", „Freigegeben ab 16" und „Keine Altersfreigabe". Die Beurteilung der Spiele hebt sich dahingehend von den Medien Film und Fernsehen ab, dass bei den Spielen der Aspekt der Interaktivität in der Bewertung mit zu berücksichtigen ist. In den Prüfsitzungen der USK fungieren fachkundige Personen als Spieletester, welche die Prüfsitzungen vorbereiten und bis dahin alle Möglichkeiten der Spiele ausgelotet haben. Die USK prüft jährlich etwa 3.000 Spiele.[31]

Neben der Alterskennzeichnung der USK findet sich auf den meisten Spielen ein weiteres Symbol mit einer Altersangabe: das PEGI-Kennzeichen. Diese Angabe stuft Computer- sowie Konsolenspiele in die Altersgruppen „ab 3 Jahren", „ab 7 Jahren", „ab 12 Jahren", „ab 16 Jahren" und „ab 18 Jahren" ein und gibt damit einen weiteren Hinweis, ob ein Spiel nach den Vorgaben des Jugendschutzes für eine Altersgruppe infrage kommt. Auch dieses Kennzeichen gibt keine Auskunft darüber, ob das Spiel wirklich dem Entwicklungsstand von Kindern und Jugendlichen dieses Alters entsprechend ist oder ob die erforderlichen Fähigkeiten zum positiven Bewältigen überhaupt dem Alter entsprechen können. Auch über den Schwierigkeitsgrad oder das Anspruchsniveau des Spieles sagt es nichts aus. Wie bei der USK-Kennzeichnung verweisen die PEGI-Kennzeichen darauf, dass diese Spiele auf der Grundlage von Jugendschutzbestimmungen auf die Abwesenheit von bestimmten Spielelementen, etwa der Anwendung von roher Gewalt und der Darstellung von Krieg usw., geprüft wurden.

Vergeben wird diese Einstufung von der Pan-European Game Information (PEGI), einer unabhängigen Organisation, die mit der Verwaltung und Entwicklung des PEGI-Systems beauftragt ist. PEGI gehört einer Interessenvertretung der Hersteller interaktiver Software (ISFE) und verwaltet zusammen mit zwei weiteren Organisationen die Kennzeichnung der Spiele nach einem eigenen Kriterienkatalog. Dabei stuft zuerst der Hersteller selbst das Spiel nach einem Prüfkatalog ein, bevor es anschließend durch PEGI geprüft wird und eine Lizenz zur Verwendung der PEGI-Symbole erhält.

Das PEGI-System wurde vor allem eingeführt, um die Uneinheitlichkeit der Alterseinstufungen in den verschiedenen europäischen Ländern zu überwinden und damit den europaweiten Verkauf zu erleichtern. Darüber hinaus vereinfacht es für die Hersteller die Prüfverfahren und senkt somit die Kosten bei der Veröffentlichung eines Spiels. Während diese Kennzeichnung

---

[31] Vgl.: ◢ http://www.usk.de/pruefverfahren/pruefverfahren/ (Stand: 05.08.2013)

in einigen europäischen Ländern wie etwa in den Niederlanden, Island und Großbritannien mittlerweile vorgeschrieben ist, hat Deutschland sie nicht übernommen und bleibt bei der USK-Alterskennzeichnung. Man findet sie dennoch auf den Verpackungen, da Spiele oft für den gesamten deutschsprachigen Raum produziert werden. Abweichungen in den Alterseinstufungen zwischen beiden Kennzeichnungssystemen sind dabei nicht selten. Da die Symbole noch recht unbekannt sind, wollen wir sie hier einmal aufführen. Symbol, Symbolname und Inhaltsbeschreibung stammen dabei von PEGI.

Symbol	Name	Inhalt
	Schimpfwörter	Spiel verwendet Schimpfwörter
	Diskriminierung	Spiel zeigt Diskriminierung oder Spielinhalt fördert Diskriminierung
	Drogen	Spiel bezieht sich auf Drogenkonsum oder zeigt diesen
	Angst	Spiel bereitet kleinen Kindern Angst oder ist gruselig
	Glücksspiel	Spiel fordert zum Glücksspiel auf oder gibt Anleitung dazu
	Sex	Spiel zeigt Nacktheit und / oder sexuelle Handlungen oder spielt auf sexuelle Handlungen an
	Gewalt	Das Spiel enthält Gewaltdarstellungen oder verherrlicht / verharmlost Gewalt
	Online	Spiel kann online gespielt werden

Quelle: www.pegi.info/de/index/id/54/ (Stand: 17.03.2014)

15

Neben der Alterseinstufung von PEGI finden sich oft die oben angeführten Symbole, die Hinweise zu den hauptsächlichen Spielinhalten geben sollen. Ähnlich wie die Alterseinstufung durch das PEGI-System handelt es sich dabei um freiwillige Angaben der Spielehersteller. Diese Symbole sind jedoch nicht trennscharf und werden zudem nicht durchgängig angewendet. Sie können somit nur als Hinweis, nicht jedoch als Bewertung verstanden werden, da sie zur Information für den Konsumenten nicht ausgeschöpft werden.

Sucht man also wirklich hilfreiche Empfehlungen für Computerspiele, sollte man sich an die entsprechenden Institutionen wenden, die diesbezügliche Informationen anbieten (siehe unten und Kapitel 16: Gewalt in Computerspielen, Seite 98 ff.).

Betrachtet man ein Spiel aus der Abteilung Lernspiele (zum Beispiel aus den Serien „Fragenbär" oder „Was ist was"), fällt sogleich auf, dass diese Spiele keine Alterskennzeichnung der USK haben. Lehr- und Lernprogramme, die auch unter dem Label „Edutainment" oder „Infotainment" gehandelt werden, dürfen ohne diese Kennzeichnung auf den Markt kommen, da sie nicht zur Unterhaltungssoftware gerechnet werden. Der Hinweis „Lehr-Programm gemäß § 14 JuSchG" auf der Hülle weist sie als solche aus.

Die Anwendung der Jugendschutzgesetze bei Online-Spielen gestaltet sich deutlich schwieriger. Das geht zum Teil soweit, dass sie sich einer Kennzeichnung ganz entziehen. Hier sind die Eltern besonders gefordert, darauf zu achten, welche Spiele ihre Heranwachsenden online spielen. Da eine USK-Freigabe nur für Spiele vorgesehen ist, die auf Trägermedien vorliegen, greift für diese sogenannten Telemedien – wie etwa reine Online-Spiele, Internetseiten und Teletext – der Jugendmedienschutz-Staatsvertrag (JMStV). Online-Spiele können eine Alterskennzeichnung haben, wenn sie (ganz oder im Wesentlichen) die Online-Version eines durch die USK gekennzeichneten Spiels darstellen. Das ist jedoch nur bei einem kleinen Teil der Spiele der Fall.

Die Liste der im Internet zur Verfügung stehenden Online-Spiele reicht von *FarmVille* auf Facebook über *LEGO Minifigures Online* bis hin zum Online-Rollenspiel *World of Warcraft*. Hier werden zum Teil auch Gebühren erhoben oder gebührenpflichtige ABOs angeboten. Die Alterskennzeichnung gestaltet sich bei Online-Spielen deshalb schwierig, da sie ständig durch zusätzliche Software erweitert werden können und sich dadurch die Altersbeschränkung verändern kann.

Zudem bergen Online-Spiele eine zusätzliche Gefahr, da sie häufig in virtuellen Communitys gespielt werden, bei denen die Mitglieder eines Teams mit ihnen eigentlich unbekannten Mitspielern über das Spielgeschehen sprechen. Hier sollten Eltern ihre Heranwachsenden dazu anhalten, niemals persönliche Daten weiterzugeben. Des Weiteren sollten ihre Kinder sich an sie wenden, wenn ihnen etwas als merkwürdig auffällt, etwa, wenn ein Mitspieler jenseits der Spielewelt Kontakt sucht oder private Dinge von sich zum Besten gibt (siehe Kapitel 18: Datenschutz in Internet, Seite 110 ff.). Heranwachsende, die Online-Spiele nutzen, sollten bereits ein gutes Maß an Medienkompetenz besitzen, um sich in dieser virtuellen Welt sicher bewegen zu können.

Weiterführende Informationen

Der Spieleratgeber NRW bietet neben „Basiswissen Computerspiel" zur Orientierung von Erwachsenen ausführliche Beschreibungen und pädagogische Bewertungen zu Spielen und lässt auch jugendliche Tester zu Wort kommen. ◢ **www.spieleratgeber-nrw.de** (Stand: 19.03.2014)

Gamestar ist der Internetauftritt der bekannten Spiele-Zeitschrift. Er enthält u.a. Testberichte von Spielern. Hier findet man auch Beschreibungen von Online-Spielen. ◢ **www.gamestar.de** (Stand: 19.03.2014)

Die Internetseite der USK informiert u.a. darüber, wie die Prüfverfahren der USK durchgeführt werden. ◢ **http://www.usk.de/pruefverfahren/pruefverfahren/** (Stand: 19.03.2014)

Gewalt in Computerspielen

© Firma V – Fotolia.com

Manche Kinder, vor allem Jungen, verbringen mit Ballerspielen viel Zeit am Computer.

Das Kapitel in Stichworten

✚ Was tun, wenn Ihr Kind sich gerne mit Ballerspielen beschäftigt?

✚ Welche Ballerspiele es gibt und wie sie auf Kinder wirken können

✚ Warum Eltern diese Spiele kennenlernen sollten

✚ Wo Eltern sich informieren können

Wie gehen Eltern am sinnvollsten damit um, wenn ihr Kind auf seinem Computer gerne Ballerspiele spielt?

Wenn mein Sohn Lennard (11) von der Schule kommt, spricht er gar nicht mehr mit mir, sondern hockt sich gleich vor seinen Computer und spielt irgendwelche Ballerspiele, in denen er gegen Monster und Maschinen kämpft. Die ganze Zeit dröhnen Kampf- und Maschinengewehrgeräusche aus seinem Zimmer. Ich mache mir natürlich Sorgen um ihn. Können ihm diese Spiele schaden? Wie soll ich mich verhalten? Soll ich ihm die Ballerspiele ganz verbieten?

Anstatt Ihrem Sohn die Spiele zu verbieten, sollten Sie zunächst einmal gelassen bleiben. Viele Eltern befürchten, dass Kinder und Jugendliche durch Ballerspiele gewalttätig werden können. Diese Sorge ist aber unbegründet. Auch Computerspiele sind zunächst einmal Spiele. Und die werden von Kindern in der Regel genutzt, um Spaß zu haben, Spannung zu erleben oder um – wie es offensichtlich auch Ihr Sohn tut – nach einem langen und anstrengenden Schultag für Entspannung zu sorgen. Dies gilt auch für die sogenannten Ballerspiele, also solche Spiele, in denen vor allem geschossen und gekämpft wird.

Aber Vorsicht: Gelassenheit ist keinesfalls mit Gleichgültigkeit zu verwechseln! Sie sollten die beiden folgenden Punkte bedenken:

1. Für jüngere Kinder ist das Genre der Ego-Shooter (siehe: „Hintergrund") ethisch fragwürdig und ungeeignet: Denn in diesen Spielen wird nicht nur die Anwendung von Gewalt verharmlost, auch ist Handeln ohne Gewaltausübung gar nicht möglich. Ego-Shooter sind für den Spieler eine Folge von Gewalthandlungen, die meist sinn- und gleichzeitig alternativlos aneinandergereiht werden.

2. Für Sie ist wichtig und entscheidend herauszufinden, welche Bedeutung diese Ballerspiele eigentlich für Ihr Kind haben: Nutzt es die Spiele zum „Runterkommen", beispielsweise nach der Schule, kann es durch sie Stress abbauen oder wird es sogar noch angespannter? Denn wenn das Computerspielen über eine längere Zeit dazu führt, dass Ihr Sohn nicht mehr mit Ihnen über seine Erlebnisse in der Schule spricht, können sich dahinter tiefgreifende Probleme verbergen. Vielleicht benötigt Ihr Sohn dann Gesprächsanlässe, um Ihnen von den Sorgen und Ängsten zu erzählen, die ihn umtreiben.

16

Deshalb: Beobachten Sie ihn aufmerksam! Wie geht Ihr Sohn in die Spielsituation hinein, wie kommt er wieder heraus? Wenn er sowohl vorher als auch hinterher dauerhaft genervt oder gereizt ist, sollten Sie handeln und nach Ursachen suchen. Fragen Sie Ihren Sohn nach den Gründen für seine schlechten Stimmungen.

Ihre Frage deutet aber auch darauf hin, dass Sie selbst die Spiele Ihres Sohnes kaum kennen. Lassen Sie sich die Spiele beispielhaft von ihm zeigen, auch wenn Sie sie für problematisch halten! Nehmen Sie sich Zeit, setzen Sie sich neben ihn und fragen Sie ihn, was genau ihn daran fasziniert. Dabei können Sie ihn beobachten, lernen die Spiele kennen und können sie selbst besser einschätzen. Dadurch entstehen Gespräche mit Ihrem Sohn über die Spielinhalte und Sie finden außerdem Anknüpfungspunkte, um die ständige Präsenz und Alternativlosigkeit von Gewalt in den Ballerspielen ethisch zu hinterfragen. Zeigen Sie Ihrem Kind, dass Sie sich für ihn, seine Begeisterung für Computerspiele und natürlich auch für seine Probleme interessieren. Aber machen Sie auch Ihren eigenen, kritischen Standpunkt klar.

Hintergrund

Insbesondere nach spektakulären Amoktaten von Jugendlichen an Schulen, wie sie 1999 im amerikanischen Columbine, 2002 in Erfurt oder 2009 in Winnenden stattgefunden haben, wird in der Medienberichterstattung oft folgendes Bild vermittelt: Heranwachsende könnten durch das virtuelle Ausüben von Computerspielgewalt zu aggressiven Tätern auch außerhalb des Spielgeschehens werden. Deshalb ist für Eltern natürlich die Frage von Bedeutung, ob das Spielen von gewalthaltigen Computergames für ihre Kinder problematische Folgen haben kann und wie sie damit umgehen sollen, wenn ihre Kinder sich für solche Spiele interessieren.

Nicht überraschend dominiert Gewalt vor allem in denjenigen Computerspielen, in denen es um Action und Kampf geht. Im Alltag werden sie oft auch **Ballerspiele** genannt. Ziel dieser Spiele ist es, Kämpfe zu bestehen und den oder die Gegner mithilfe von Schuss- oder anderen Waffen sowie Kampfsportarten zu besiegen. Zu den **Action- und Kampfspielen** zählen:

- die bekannten **Ego-Shooter**, bei denen die Spielwelt aus der Ich-Perspektive wahrgenommen wird, zum Beispiel *Call of Duty*, *Battlefield* oder *Counter-Strike*;
- **Third-Person-Shooter**, bei denen das Spielgeschehen aus der Perspektive hinter der Hauptfigur beobachtet wird, beispielsweise *GTA* oder *Max Payne*;
- **Beat 'em up-Spiele**, die auch **Prügelspiele** genannt werden, bei denen Kampfsportarten oder -techniken im Mittelpunkt stehen, zum Beispiel *Street Fighter* oder *Dead or Alive*.

Gewalthaltige Computergames sind vor allem bei älteren Jungen beliebt. Dies liegt auch daran, dass die Handlungen der Spiele die Themen ansprechen, mit denen sich Jungen entwicklungsbedingt ohnehin intensiv auseinandersetzen: die Suche nach Risiko, Mutproben und der Ausdruck von Männlichkeit. Wissenschaftler sind sich heute darin einig: Auch wenn das virtuelle Kämpfen und Morden in den Gewalt-Games der Regelfall ist und sogar das einzige Spielziel darstellen kann, machen die Spiele selbst den Spieler nicht direkt gewalttätig. Die meisten gewalthaltigen Computerspiele haben kein Gewaltpotenzial an sich. Von den meisten Spielern werden sie als spannende und oft entspannende Unterhaltung verstanden. Im Vordergrund stehen der Wettbewerbsgedanke, das Erreichen unterschiedlicher Schwierigkeitsstufen, der Spaß am Spiel und das gemeinsame Agieren mit Gleichaltrigen.

Dennoch können die Spiele auch auf problematische Weise verwendet werden, auch darin sind sich Wissenschaftler einig: Gerade, wenn Spieler bereits aggressive Tendenzen besitzen, können Gewalt-Games feindselige und misstrauische Haltungen gegenüber anderen Menschen verstärken. Allerdings treten diese Effekte nur in geringem Ausmaß auf und in Wechselwirkung mit anderen Risikofaktoren, die mit dem Computerspiel nicht unmittelbar zusammenhängen, zum Beispiel familiäre und schulische Probleme oder Gewalterfahrungen in der Gleichaltrigengruppe. Deshalb ist es wichtig, dass Eltern versuchen, auch in schwierigeren Zeiten im Gespräch mit ihren Kindern zu bleiben und den Kontakt nicht abreißen zu lassen.

Das bedeutet nun aber nicht, dass Eltern jedes einzelne Computerspiel ihrer Kinder einmal selbst durchgespielt haben müssten, bevor der Nachwuchs damit spielt. Gerade in Familien mit mehreren Kindern und / oder

16

berufstätigen, eventuell auch alleinerziehenden Eltern ist dafür im Alltag oft gar keine Zeit. Ziel ist nicht, die Computerspiele in all ihren Details zu kennen, sondern sich einen Einblick in die einzelnen Spiele zu verschaffen:

- Worum geht es in dem Spiel / den Spielen meines Kindes?
- Was ist das Spielziel?
- Welchen Schwierigkeitsgrad haben die Spiele?
- Welche Spielabschnitte / „Level" sind zu bewältigen (zum Beispiel das Finden eines Schatzes, die Überquerung eines Hindernisses oder das Auffinden von Informationen)?

Viele Spiele der einzelnen Genres funktionieren nach dem gleichen Schema, was den Zugang enorm erleichtert.

Sobald aber ein bisschen mehr Zeit und Muße vorhanden sind, beispielsweise am Wochenende oder in den Ferien, sollten sich Eltern ganz bewusst einmal etwas mehr Zeit nehmen und sich von ihrem Kind in aller Ruhe seine Lieblingsspiele zeigen und erklären lassen. Dadurch bekommen sie mit, was ihr Kind daran reizt und warum es sich so gerne damit beschäftigt. Sie werden feststellen, dass sie nach einem solchen Gespräch leichter im Thema und im Gespräch mit ihrem Kind darüber bleiben, was sich denn so in seinem aktuellen Lieblingsspiel tut oder ob es inzwischen einen neuen Level erreicht hat.

Darüber hinaus ist es für nichtspielende Eltern aber auch hilfreich, Beschreibungen oder Empfehlungen zu den Spielen zu lesen, mit denen sich ihr Kind beschäftigt. Diese stellen den Handlungsverlauf und die Aufgaben der jeweiligen Spiele zusammenfassend dar und erleichtern somit den verstehenden Einstieg. Einige Informationsquellen dafür sind im Folgenden aufgeführt.

Weiterführende Informationen
Siehe zum Thema auch Kapitel 15: Jugendschutz und Computerspiele, Seite 90 ff.

Weiterführende Internetseiten für Eltern
Das folgende Webangebot der Bundeszentrale für politische Bildung stellt aktuelle und kostenlose Informationen sowie pädagogische Beurteilungen von Computerspielen zur Verfügung. Darüber hinaus bietet die Rubrik „Praxiswissen für Eltern" Tipps zur Auswahl der Spiele und für den alltäglichen Umgang mit ihnen. ◀ http://www.spielbar.de (Stand: 18.02.2014)

Der Spieleratgeber NRW bietet zur Orientierung von Erwachsenen ausführliche Beschreibungen und gehaltvolle pädagogische Bewertungen zu Computerspielen aller Art und lässt auch Tester zu Wort kommen. Suchfunktion und Aufteilung nach Genres erleichtern den Einblick. ✐ **www.spieleratgeber-nrw.de** (Stand: 18.02.2014)

Auf dieser Seite findet man die Preisträger und nominierten Spiele der letzten Jahre für die sieben ausgelobten Kategorien des Deutschen Computerspielpreises. Die Beschreibungen sind hilfreich, Trailer ermöglichen einen kurzen Einblick in die jeweilige Spielewelt. ✐ **www.deutscher-computerspielpreis.de** (Stand: 18.02.2014)

16

Um Kinder in die Lage zu versetzen, sich allein im Internet zu bewegen, müssen ihre Eltern sie auch für das Thema „digitale Werbung" sensibiliseren.

Das Kapitel in Stichworten

✚ Kinder müssen lernen, Werbung zu erkennen und zu durchschauen
✚ Eigenständiges Wirtschaften mit dem Taschengeld
✚ Werbeformen im Internet, die auf Kinder zielen
✚ Digitale Werbestrategien aufdecken und sich informieren

Wie kann ich mein Kind in Zeiten der überbordenden Werbebotschaften werbekompetent machen?

Egal, ob mein Sohn Henno (9 Jahre) Kindersendungen im Fernsehen anschaut, im Internet surft oder Computerspiele spielt: Ich habe das Gefühl, dass er dort dauernd mit Werbung konfrontiert wird. Jetzt wünscht er sich ein BMX von den „Wilden Kerlen", dabei hat er ein Fahrrad. Wie kann ich verhindern, dass Henno dem Einfluss der Werbung erliegt?

Unsere Lebenswelt ist heute so stark von Medien und Werbung durchdrungen, dass Sie gar nicht verhindern können, dass Ihr Kind die Werbung in den Medien wahrnimmt. Das wäre auch nicht gut, denn Ihr Kind muss lernen, kompetent mit Werbebotschaften umzugehen, damit es ihnen nicht passiv ausgeliefert ist – und dabei können Sie es unterstützen. Dazu einige Tipps:

- Helfen Sie Ihrem Kind dabei, **redaktionelle Inhalte der Medien** von **Werbebotschaften** unterscheiden zu lernen. Gerade jüngere Kinder im Vorschulalter können oft Medieninhalte nicht von Werbung abgrenzen. Fernsehwerbespots deuten sie häufig noch als Fortführung einer zuvor gesehenen Kindersendung und sind damit ausgesprochen manipulierbar. Die Sensibilität für das Erkennen von Werbebotschaften nimmt im Grundschulalter zu. Oftmals werden hier aber noch werbekritische Haltungen der Eltern einfach übernommen. Erst ab dem Alter von elf bis zwölf Jahren haben Kinder eine *eigene* kritische Haltung gegenüber Werbung entwickelt. Aber auch in diesem Alter fällt es manchmal schwer, Werbung eindeutig zu erkennen – oft haben ja sogar wir Erwachsene noch Probleme damit. So tritt Werbung im Internet oft geradezu getarnt in Erscheinung, beispielsweise bei „gesponserten" Suchanfragen.
- Eine ganz einfache spielerische Möglichkeit, wie Sie bei Ihrem Kind die Unterscheidung von Medieninhalt und Werbung fördern können, sind gemeinsame Entdeckerspiele, zum Beispiel auf einer Internetseite: Wem gelingt es zuerst, sämtliche Werbebotschaften zu entdecken? In der nächsten Runde können Sie dann die Zeit stoppen!
- Da es vor allem im Internet schwierig ist, Werbung zu erkennen: Finden Sie Gelegenheiten, um zusammen mit Ihrem Sohn zu surfen. Leiten Sie ihn dazu an, sich die Botschaften im Internet – und damit auch die Werbung – genau anzuschauen. Weisen Sie ihn dabei auf neue Werbeformen hin (siehe: „Hintergrund").

- Werbung in den Medien wirkt besonders dann, wenn sie erfolgreich bestimmte Bedürfnisse bei uns anspricht. Das gilt aber nicht nur bei Kindern, sondern natürlich auch bei Werbung für Erwachsene. Um Ihrem Sohn die Mechanismen und die Strategien von Werbung zu verdeutlichen: Überlegen Sie einmal, wie Sie selbst auf Werbebotschaften reagieren und bei welchen Themen und Bedürfnissen Werbung auf Sie wirkt. Erzählen Sie das ruhig auch Ihrem Sohn.

- Sensibilisieren Sie Ihren Sohn dafür, dass es sich bei der Abbildung von Medienfiguren auf Bettwäsche, Puzzles, Kleidung, Besteck und anderen Produkten ebenfalls um eine Werbestrategie handelt und er damit – wie jeder von uns – manipuliert werden soll. Der Fachbegriff dafür ist **Merchandising**. Dies steht für die Weitervermarktung von Medienfiguren (zum Beispiel *Spiderman*, *Star Wars*, *Hannah Montana*, *Monster High*) und die Vergabe von Lizenzen an Unternehmen – mit dem Ziel, eine Marke und den Konsum von Produkten rund um diese Figur bei Kindern zu etablieren.

Wissenschaftler haben übrigens untersucht, welche Strategien und Tricks Eltern im Alltag anwenden, wenn ihre Kinder einen potenziell problematischen Kaufwunsch für ein Lizenzprodukt formulieren.[32] Auch diese Elterntipps können für Sie nützlich sein:

- Es wird nur das gekauft, was vor dem Einkaufen mit den Kindern abgemacht wurde.
- Kaufentscheidungen der Eltern werden den Kindern erklärt und verständlich gemacht, aber nicht mit ihnen diskutiert.
- Beim Einkaufen wird nur eine begrenzte Auswahl an Produkten angeboten.
- Eltern erfüllen Kaufwünsche ihrer Kinder nicht sofort, sondern erst zu einem späteren Zeitpunkt.
- Kinder müssen – in einem kontrollierten Rahmen und Umfang – ihre eigenen Erfahrungen machen.
- Eltern sollten immer wieder auch ohne ihre Kinder einkaufen gehen.

Noch ein Hinweis zum Taschengeld: Damit ein Kind vernünftig mit Werbebotschaften in den Medien umgehen kann, muss es auch einschätzen

---

[32] Cada, Julia / Götz, Maya (2009): *Schau, Bob hat das auch geschafft! Strategien von Eltern im Umgang mit Lizenzprodukten*. In: *TELEVIZION*, 22/2009/2, Seiten 23–29.

lernen, ob es für bestimmte Werbeprodukte sein Taschengeld ausgeben möchte. Ziel sollte es sein, dass das Kind mit seinem Taschengeld eigenständiges Wirtschaften lernt. Voraussetzung dafür ist, dass ihm das Geld frei zur Verfügung steht. Eltern sollten zusammen mit ihrem Kind klare Vereinbarungen treffen, wann es jeweils sein Taschengeld bekommt und welche Höhe dieses hat. Je nach Alter des Kindes und abhängig von seiner Erfahrung im Umgang mit dem Taschengeld sollten wichtige Anschaffungswünsche und Kaufentscheidungen vorher miteinander besprochen werden.

Fokus

Laut einer Verbraucheranalyse aus dem Jahr 2013 bekommen Kinder im Alter von sechs bis 13 Jahren in Deutschland durchschnittlich 27,56 EUR Taschengeld im Monat. Je älter die Kinder sind, desto mehr Geld haben sie zur Verfügung: Sechs- bis Neunjährige bekommen im Durchschnitt 19,47 EUR und Zehn- bis 13-Jährige schon über 34,47 EUR. Zusätzlich erhalten viele Kinder von ihren Eltern und Verwandten Geldgeschenke – zum Geburtstag, zu Feiertagen, bei Besuchen und zwischendurch.[33]

Wie diese Zahlen zeigen, sind Kinder nicht nur selbst eine wirtschaftlich potente und damit sehr interessante Zielgruppe für jede Art von Werbung. Sie beeinflussen zudem Kaufentscheidungen innerhalb der Familie, etwa bei Lebensmitteln, Spielgütern und Einrichtungsgegenständen und haben auch bei der Freizeitgestaltung ein Mitspracherecht. Um so wichtiger ist es, dass ihre Eltern sie auf den Umgang mit Werbung vorbereiten und ihnen auch die verschiedenen Werbemechanismen erklären.

Hintergrund

Medienprodukte und -inhalte werden heute **crossmedial**, das heißt, in unterschiedlichen Medien, vermarktet und lizenziert. Beispielsweise folgten den *Harry-Potter*-Büchern Kinofilme, Computerspiele, DVDs, Hörspiele, Zeitschriften etc. Den Medienfiguren bzw. den Stars kommt dabei die zentrale Rolle zu: Sie sind auf Bettwäsche, T-Shirts, als Lego-

17

---

[33] *Kids Verbraucheranalyse 2013*. Egmont Ehapa Verlag.

Spielzeug, Actionfiguren etc. zu erwerben. Bei den Figuren in den Medien gibt es alters- und geschlechtsspezifische Vorlieben: Zeichentrickfiguren sind vor allem bei jüngeren Kindern, Figuren aus Real-Filmen vor allem bei älteren Kindern geschätzt. Fußball- und Action-Helden sind eher bei Jungen, *Barbie*, *Pippi Langstrumpf* und *Hannah Montana* natürlich besonders bei den Mädchen populär.

Eltern sind sich in der Regel der großen Bedeutung von Medienfiguren und Merchandising-Produkten im Kinderalltag bewusst. Zu unterscheiden ist zwischen solchen, die das Wohlwollen der Eltern genießen, beispielsweise weil sie für die eigenen Kinder als nützlich und sinnvoll angesehen werden: *Lillifee*-Zahnbürsten, *Yakari*-Brotdosen oder *SpongeBob*-Trinkflaschen. Eltern verfolgen mit dem Kauf solcher Produkte zum Teil durchaus pädagogische Strategien: Wissen sie etwa um die Vorliebe des Kindes für *Spiderman*-Produkte, kaufen sie den entsprechenden Schal gerne, weil dieser im Winter mit großer Wahrscheinlichkeit auch getragen wird. Auf der anderen Seite gibt es aber auch solche Medienfiguren und Merchandising-Produkte, die stärker das Wohlwollen der Kinder besitzen und denen die Eltern skeptisch gegenüber stehen: Während sich beispielsweise die sechsjährige Tochter alle nur erdenklichen Produkte von Bastian Schweinsteiger wünscht, würden sich die Eltern bei ihrer Jüngsten eher mädchenspezifische Vorlieben erhoffen (siehe auch: Kapitel 3: Medien-Helden, Seite 22 ff.).

Unternehmen vermarkten und verkaufen ihre Produkte für Kinder immer stärker im Internet. In den crossmedialen Vermarktungsstrategien bekommt der digitale Raum einen stetig größeren Stellenwert. Mit welchen Werbeformen haben es Kinder im Internet zu tun?

- Die wichtigste Werbeform in Suchmaschinen, wie zum Beispiel *Google*, ist die **Keyword**-**Werbung**. Nach dem Eintippen eines Suchbegriffs erscheinen neben den nicht-kommerziellen Links auch Werbelinks. Vielen Kindern fällt es schwer, zwischen diesen „gesponserten" Links und den nicht-kommerziellen Links zu unterscheiden.
- **Virale Werbung** setzt darauf, dass der Werbeinhalt, beispielsweise in Videoclips, von den Internetnutzern als so interessant und populär angesehen wird, dass er von Freunden und Bekannten massenhaft – ähnlich einem Virus – weiterverbreitet und empfohlen wird. Auch hier fällt es vielen Kinder schwer, entsprechende Videoclips, Bilder, Spiele oder Mails

überhaupt als Werbestrategie zu erkennen, weil sie ihnen in der Regel zudem noch von vertrauten Personen zugeschickt werden.

- Bei der **In-Game-Werbung** handelt es sich um Werbebotschaften, die in digitalen Spielen platziert sind. Von den Anbietern werden sie nicht klar und deutlich kenntlich gemacht und deshalb auch von Kindern nicht immer erkannt.
- In digitalen Spielen wird gerne für **virtuelle Güter**, wie zum Beispiel besondere Ausrüstungsgegenstände für die eigene Spielfigur, geworben. Die digitale Währung, mit der man diese Güter erwirbt, muss zuvor mit echtem Geld gekauft werden. Aufgrund der Faszination von digitalen Spielen ist die Hemmschwelle für Kinder relativ niedrig, solche Käufe zu tätigen. Diese finden häufig unreflektiert statt.
- Vor allem in sozialen Netzwerken im Internet, wie beispielsweise *Facebook.de* oder *Google+*, treffen die Nutzer auf **personalisierte Werbung.** Die Anbieter der großen sozialen Netzwerke sind Datensammler, das heißt, sie häufen persönliche Daten an und verwerten sie für Werbebotschaften, die speziell auf die Interessen und Themen der User abgestimmt sind und diesen oft auch direkt, mit persönlicher Ansprache, zugeschickt werden. Je stärker die Nutzer in den sozialen Netzwerken interagieren und kommunizieren, je mehr Informationen sie dadurch von sich preisgeben, desto besser ist dies natürlich für das kommerzielle Interesse des Anbieters. Häufig ist Kindern (und auch Jugendlichen) diese Werbestrategie nicht bewusst. Viele akzeptieren sie aber auch notgedrungen, weil für sie die Kommunikation mit Freunden und Bekannten in den sozialen Netzwerken zum zentralen Bestandteil des Alltags gehört. Umso wichtiger ist es, dass Eltern ihre Kinder für diese digitalen Werbestrategien sensibel machen.

Weiterführende Informationen

Die Website des Vereins Erfurter Netcode empfiehlt zahlreiche Internetangebote für Kinder, die das Qualitätssiegel des Vereins erfüllen. Qualitätskriterien sind die Trennung von Inhalt und Werbung bzw. Verkauf sowie eingebaute Hürden auf dem Weg zum Shop einer Internetseite. ➶ http://www.erfurter-netcode.de/ (Stand: 19.03.2014)

Obwohl der Verein Media Smart eine Unternehmerinitiative ist, enthält die Website eine Reihe von hilfreichen Informationen für Eltern und Lehrer zum sinnvollen Umgang mit Werbebotschaften. ➶ http://www.mediasmart.de/ (Stand: 19.03.2014)

Oft entdecken Eltern nur zufällig, welche Spuren ihr Kind im Netz hinterlassen hat.

© Kitty – Fotolia.com

Das Kapitel in Stichworten

✚ Soziale Netzwerke: Hier geben die User viele Daten preis

✚ Regeln im Umgang mit Daten im Internet

✚ Wichtig: die eigenen Kinder für Datenschutz sensibilisieren

✚ Jeder User in Deutschland hat ein Recht auf Datenschutz

Was kann ich tun, wenn mein Kind im Netz private Daten hinterlassen hat?

Meine Tochter Laura (10) surft oft alleine im Internet, sie ist auch Mitglied in einem sozialen Netzwerk. Ich habe festgestellt, dass sie dort nicht nur viele Fotos von sich und unserer Familie eingefügt hat, sondern auch ein Video zusammen mit ihren Freundinnen beim Reiten, ihre E-Mail- und ihre Instant-Messenger-Adresse. Außerdem hat sie die Adresse des Reiterhofs angegeben, auf dem sie Stunden bekommt. Geht sie nicht viel zu sorglos mit privaten Daten um?

Ihre Befürchtungen bestehen leider völlig zu recht. Ihre Tochter ist viel zu leichtsinnig im Umgang mit ihren Daten im Internet, sowohl mit ihren persönlichen Adressen als auch mit Fotos und Video aus Urlaub und Freizeit oder anderen persönlichen Informationen. Kinder und Jugendliche sind sich oft der Probleme und Gefahren gar nicht bewusst, die mangelnder Schutz von privaten Daten im Internet verursachen kann: Durch die Preisgabe ihrer Mailadresse könnte Ihre Tochter ungewollte Werbung erhalten. Oder Unbekannte schreiben sie direkt an und kommentieren Fotos von ihr in unhöflicher Weise. Schulkameraden, mit denen sie sich nicht so gut verträgt, könnten auf die Idee kommen, sie mit irgendwelchen Fotos zu ärgern oder sogar zu mobben. Zudem könnte ein späterer Arbeitgeber irgendwann auf ein einstmals noch als lustig empfundenes Privatvideo stoßen und es unangemessen finden. Und im Extremfall könnten Pädophile, die oft auf sozialen Netzwerken im Internet ihre Opfer suchen, durch diese ungesicherten Daten in Kontakt mit Ihrer Tochter kommen oder Fotos von ihr kopieren und in anderen Zusammenhängen verbreiten.

Dies alles sind Beispiele, die man sich für sein Kind nicht wünscht. Deshalb ist es sehr wichtig, dass der Datenschutz innerhalb einer Familie intensiv thematisiert wird – damit Ihre Tochter versteht, welche Konsequenzen ihr Umgang mit Daten für sie hat, und dass Sie als Eltern berechtigte Gründe dafür haben, ihr bestimmte Dinge nicht zu erlauben.

Zugegeben, Datenschutz im Internet ist kein leichtes Thema in der Medienerziehung von Kindern. Dafür gibt es zwei Gründe:
Zum einen gehören soziale Netzwerke und Communitys im Internet, bei denen die Nutzer besonders viele Daten von sich preisgeben, mittlerweile

18

auch für **Kinder** zum Alltag. Je älter die Kinder, desto öfter haben sie ein Profil in einem sozialen Netzwerk, wie zum Beispiel Facebook. Sie nutzen Facebook & Co. vor allem, um mit ihren Freunden in Kontakt zu bleiben. Deshalb wäre es für sie auch besonders schwer, auf die Kommunikation und Selbstpräsentation über soziale Netzwerke verzichten zu müssen. Daher nehmen es die meisten in Kauf, dass ihre privaten Postings, Fotos oder Videos öffentlich betrachtet werden können oder vom Anbieter des sozialen Netzwerks für kommerzielle Zwecke verwendet werden. Für Heranwachsende ist somit der Datenschutz im Internet ein Dilemma: Würden sie dort weniger oder gar nichts mehr von sich veröffentlichen, könnten sie nicht mehr so gut mit ihren Freunden kommunizieren. Geben sie andererseits private Daten von sich preis, kann dies zu problematischen oder sogar gefährlichen Konsequenzen führen.

Der zweite Grund liegt bei den **Eltern**. Denn viele Eltern sind unsicher, wie viele Informationen sie über die eigene Person und Familie im Internet kundtun wollen und wie stark sie ihre privaten Daten schützen sollten. Und wie ihre Kinder, sind auch Eltern beim Thema „Datenschutz im Internet" in einem Zwiespalt: Würden sie sich nicht weiter damit beschäftigen und ihre Kinder in sozialen Netzwerken und Communitys im Internet agieren lassen, wie die Heranwachsenden es gerne möchten, riskieren sie Probleme und Gefahren. Aber auch das Verbieten von sozialen Netzwerken scheint zumindest bei älteren Kindern, für die zunehmend der eigene Freundeskreis wichtig ist, keine gute Alternative. Denn dann würden sie diesen eine wichtige Facette ihrer Entwicklung, die heute kaum noch ohne die digitalen Medien stattfindet, ein Stück weit verbauen.

Tipp

Um ihrem Kind zu verdeutlichen, welche privaten Datenspuren es bisher bereits im Internet hinterlassen hat, sollten Eltern und Kind einmal zusammen die Online-Identität des Kindes prüfen, mittels einer Personensuchmaschine oder durch die Eingabe bei Google. Natürlich ist ein solches Vorgehen auch aufschlussreich zur Aufdeckung der elterlichen Datenspuren im Netz. Das so erreichte Aha-Erlebnis ist einprägsamer als so manche mahnenden Worte. Im Anschluss sollten Eltern und Kind Regeln für ihre Internetnutzung besprechen.

Grundsätzlich gelten beim Umgang mit den Daten im Internet folgende fünf Regeln:

- Mit privaten Angaben, Informationen, Fotos und Videos sollte man *so sparsam wie möglich* umgehen und insbesondere niemals private Adressen veröffentlichen.
- Immer, bevor man etwas in einem sozialen Netzwerk oder einer Community postet, darüber nachdenken, welches persönliche Bild man dadurch von sich preisgibt.
- Darauf achten, keine Kommentare, Fotos oder Videos zu posten oder in Internetgruppen Mitglied zu werden, die einem später einmal peinlich sein könnten, beispielsweise dann, wenn ein späterer Arbeitgeber nach der Online-Identität recherchiert.
- Eltern sollten zusammen mit ihren Kindern entscheiden, wer deren Profil im sozialen Netzwerk bzw. in der Community sehen darf. Bei Kindern (bis 12 Jahre) sollte das Profil immer auf *Privat* eingestellt sein, sodass ungewollte Kontakte gar nicht erst entstehen können.
- Der Nickname eines Users sollte nicht unmittelbar auf dessen persönliche Identität hinweisen: Anstatt etwa „Laura2004" sollte ein abstrakter, geschlechts- und altersunspezifischer Name gewählt werden.

Es ist wichtig, dass Eltern mit ihren Kindern über die Gefahren sprechen, die bei der Preisgabe von privaten Daten auf deren Profil im sozialen Netzwerk bestehen, und zusammen mit ihnen überlegen und entscheiden, welche Angaben unbedingt wichtig sind und auf welche verzichtet werden kann. Bei der Auswahl hilft, einmal darüber nachzudenken, wie die Kinder gerne von anderen gesehen werden und welche Seiten sie von sich gar nicht zeigen möchten. Unwichtige private Daten sollte man löschen. Funktioniert das Löschen auf einfachem Weg nicht, haben Eltern das Recht, vom Anbieter des Webangebots sämtliche Informationen, Fotos und Filme eines nicht volljährigen Familienmitglieds entfernen zu lassen.

Wenn Kinder verstehen, welche Probleme und Gefahren durch den allzu sorglosen Umgang mit den eigenen Angaben im Netz entstehen können, können sie die Entscheidungen ihrer Eltern nachvollziehen und irgendwann eigenverantwortlich entscheiden. Deshalb ist es sinnvoll, ihnen aufzuzeigen, wer eigentlich an den privaten Daten interessiert ist und zu welchen Zwecken sie verwendet werden können. Hier geht es nicht darum, Kindern Angst einzujagen, sondern sie dafür zu sensibilisieren, dass nicht alle Nutzer

18

im Netz nette Leute sind, die nur auf harmlose Kommunikation und Unterhaltung aus sind. Eltern sind bei diesem Thema unbedingt gefordert und sollten als Ansprechpartner zur Verfügung stehen.

Gleiches gilt auch für schwierige Inhalte zum Thema „Datenschutz", die ein Kind in einem bestimmten Alter nicht ohne elterliche Hilfe verstehen kann, zum Beispiel die AGBs eines sozialen Netzwerks. Besser ist, diese AGBs mit ihm gemeinsam nach Fragen des Datenschutzes durchzugehen. Wenn dort verlangt wird, zu viele Rechte an den eigenen Daten an den Anbieter abzutreten, empfiehlt es sich, von der Mitgliedschaft abzusehen.

Hintergrund

Eltern und Kinder haben in Deutschland ein Recht auf Datenschutz: Gesetzliche Grundlage sind dafür:
- das **Recht auf informationelle Selbstbestimmung**. Es regelt, dass persönliche Daten, zum Beispiel Adressen, nicht ohne Erlaubnis veröffentlicht, gespeichert und weitergereicht werden dürfen;
- das **Recht am eigenen Bild**. Es legt fest, dass abgebildete Personen vor einer Veröffentlichung von Fotos oder Videos um ihr Einverständnis gebeten werden müssen.

Neben dem Schutz der eigenen Daten dürfen Heranwachsende nicht vergessen, dass auch andere Nutzer im Netz ein Recht auf Wertschätzung ihrer privaten Daten haben: Persönliche Informationen, Fotos und Filme anderer Personen dürfen im Netz nicht ohne deren Erlaubnis veröffentlicht werden. Um ein Kind für diesen Punkt sensibel zu machen, kann es hilfreich sein, es zu fragen, ob es selbst mit der Veröffentlichung solcher Daten einverstanden wäre. Auch im Internet gilt somit der (abgewandelte) kategorische Imperativ: Zeige nur das von anderen im Netz, von dem es dir recht wäre, wenn das gleiche auch von dir im WWW gezeigt würde.

Hintergrund

Welches ist das beliebteste soziale Netzwerk für Kinder? In Deutschland sind derzeit die meisten Kinder bei *Facebook.de* angemeldet, Facebook ist damit bei Kindern ebenso beliebt wie bei Erwachsenen. Das verwundert auf den ersten Blick, weil Facebook-Mitglieder mindestens 13 Jahre alt sein müssen. Kinder geben also bei der Anmeldung häufig einfach ein falsches Alter an. Untersuchungen zeigen, dass dies sogar oft von den Eltern unterstützt wird, weil diese ihren Kindern den Zugang zum sozialen Netzwerk ermöglichen möchten. Weil es so schwierig ist, die offizielle Altersbeschränkung durchzusetzen, überlegt man bei Facebook zurzeit, ob und wie man die Altersgrenze senken könnte. In Deutschland ist etwa jeder dritte Internetnutzer im Alter von 10 bis 11 Jahren Mitglied eines sozialen Netzwerks oder einer Community im Internet. Dies ist gar nicht mehr so verwunderlich, bedenkt man, wie wichtig heute Facebook & Co. für die Kommunikation zwischen den Kindern im Netz ist. Umso dringender wird es, Kinder für Datenschutz zu sensibilisieren.

Auch die Schule spielt bei der Aufklärung über Datenschutz im Internet eine wichtige Rolle. Falls das Thema dort bisher noch nicht behandelt worden ist, empfiehlt es sich, mit den Lehrern Kontakt aufzunehmen und anzuregen, Datenschutz im Internet zum Unterrichtsthema zu machen. Die Schule ist deshalb so wichtig, weil sie prinzipiell jedes Kind erreichen kann, auch Kinder, die sich für dieses Thema nicht so sehr interessieren. Außerdem könnte es auch hilfreich sein, bei der Klassen- und Schulpflegschaft sowie beim Lehrpersonal dafür einzutreten, dass ein Elternabend zum Thema (eventuell mit einem Experten) veranstaltet wird, denn sicher gibt es auch andere Eltern, vielleicht sogar Lehrer, die unsicher sind, wie sie mit dem Schutz privater Daten im Netz umgehen sollen.

Weiterführende Informationen
Auf der Website von Klicksafe findet man unter anderem Tipps und Informationen zum Schutz von persönlichen Daten in sozialen Netzwerken. ✏ **http://www.klicksafe.de/themen/kommunizieren/soziale-netzwerke/** (Stand:04.03.2014)
Die folgende Adresse bietet konkrete Tipps zur Verfremdung des eigenen Profilbildes in sozialen Netzwerken und Communitys. ✏ **http://www.netzcheckers.de/m2082088369_431.html** (Stand:04.03.2014)

Medientipp für Kinder
Ein Buch, das kindgerecht soziale Netzwerke, Regeln im Umgang mit ihnen und Gefahren von sozialen Medien erklärt:
Thomas Feibel (2013): *Facebook, Twitter & Co.* Carlsen, Hamburg.

18

19 Cyberbullying und Cybermobbing

Das Entsetzen ist groß, wenn ein Kind merkt, dass es ein Cyberbullying-Opfer geworden ist. Dann tut schnelle Hilfe not.

Das Kapitel in Stichworten

+ Wann man von Cyberbullying oder Cybermobbing spricht
+ Was Eltern tun können
+ Was das Neue an Cyberbullying ist
+ Cyberbullying und Cybermobbing vorbeugen

Was mache ich, wenn mein Kind im Internet gemobbt wird?

Von meiner Tochter Finja (12) ist in der Umkleidekabine beim Sportunterricht ein Nacktfoto aufgenommen worden, das nun bei ihren Mitschülern über das Handy verbreitet wird. Inzwischen sind das Foto und beleidigende Kommentare auch schon in einem sozialen Netzwerk im Internet aufgetaucht. Mittlerweile will sie schon gar nicht mehr in die Schule gehen, weil sie dort wegen des Fotos gehänselt wird. Was kann ich tun, um ihr zu helfen? Und wie bekommen wir dieses Foto wieder gelöscht?

Was Sie hier beschreiben, ist für Ihre Tochter eine ernste Angelegenheit. Wenn Ihr Kind mit einem intimen Foto, das zudem unerlaubt aufgenommen worden ist, im Internet oder über Handys über einen längeren Zeitraum vor anderen bloßgestellt wird, handelt es sich dabei um Cyberbullying oder Cybermobbing, also die Belästigung oder Diffamierung Ihres Kindes über elektronische Medien (genauere Erklärung dieses Begriffs siehe: „Hintergrund"). Kinder und Jugendliche reagieren ganz unterschiedlich auf Bloßstellungen und Belästigungen im Internet, beispielsweise mit Angst, Frust, Niedergeschlagenheit, Einsamkeitsgefühlen, innerem Rückzug und der Abwendung von Schule und Unterricht. Besonders schlimm ist Cyberbullying für das Opfer, wenn die Belästigungen in der Schule weitergehen. Sobald Eltern davon erfahren, dass ihr Kind das Opfer von Cyberbullying ist, müssen sie sofort einschreiten! Falls Sie nach einem Gespräch mit Ihrer Tochter schon wissen, was eigentlich genau vorgefallen ist, ob der / die Täter bekannt oder anonym ist / sind und wie schlimm die Belästigungen ausfallen, sollten Sie umgehend die folgenden vier Maßnahmen ergreifen:

1. Grundsätzlich gilt Hilfe zur Selbsthilfe: Unterstützen Sie Ihr Kind dabei, seine Belastungen als Opfer von Cyberbullying aktiv zu beheben und zu verarbeiten, zum Beispiel, indem Sie es immer wieder dazu ermuntern, mit Ihnen, seinen Freunden oder einem Vertrauenslehrer offen über den Vorfall und die daraus resultierenden Probleme zu sprechen. Die Unterstützung durch den engen Freundeskreis bekommt hier einen ganz besonderen Stellenwert.

Auch sollten Sie Ihr Kind, falls noch nicht geschehen, dabei unterstützen, sofort technische Vorkehrungen zum Schutz vor weiterem Cyberbullying zu treffen (in den Privatsphäre-Einstellungen des sozialen Netzwerks im Internet, siehe Kapitel 18: Datenschutz im Internet, Seite 113). Die Belas-

19

tungen und Probleme von Cyberbullying zu verdrängen und zu ignorieren, ist dagegen kein guter Ratgeber!

2. Sichern Sie zusammen mit Ihrem Kind Belege für die ihm zugefügten Bloßstellungen und Belästigungen. Kopieren Sie die betreffenden Fotos, Videos und Kommentare bzw. machen Sie davon Screenshots. Bei einem schweren Fall von Cyberbullying können Sie dadurch möglicherweise dazu beitragen, den oder die Täter ausfindig zu machen, und eine eventuelle strafrechtliche Verfolgung durch die Polizei unterstützen.

3. Fordern Sie den Betreiber des betroffenen sozialen Netzwerks dazu auf, die belästigenden Fotos, Videos und Kommentare zu löschen und den Verursacher dieses Cyberbullyings zu sperren. Zu diesem Zweck bieten die meisten sozialen Netzwerke im Internet die Möglichkeit an, Täter und deren Fehlverhalten zu melden, zum Beispiel bei Facebook.de über den „Melden"- bzw. „Blockieren"-Link. Bleiben Sie hartnäckig, falls nicht innerhalb kurzer Zeit reagiert wird.

4. Wenn es sich um Täter in der Schule handelt, sollten Sie Lehrkräfte, Schulsozialarbeiter, Schulpsychologen und die Schulleitung mit einbeziehen. Die Schule kann einerseits auf medienpädagogischer Seite helfen, das heißt, sie kann Interventions- und Präventionsmaßnahmen gegen Cyberbullying im Unterricht ergreifen. Dazu gehört, die Schüler über unrechtmäßiges Verhalten im Internet reflektieren zu lassen, strafrechtliche Folgen von Cyberbullying aufzuzeigen, die Wahrnehmung von Aggression und Gewalt im Internet bei den Schülern aufzuarbeiten und alternative Nutzungsweisen und Handlungsorientierungen vorzustellen sowie zu trainieren. Darüber hinaus kann und sollte die Schule dabei helfen, Opfer und Täter zu befragen, um auf diese Weise auf Wiedergutmachung hinzuwirken. Ziel ist dabei, den Täter mit seinem Handeln und dessen Auswirkungen zu konfrontieren und bei ihm ein Unrechtsbewusstsein zu schaffen.

Hintergrund

Viele Kinder und Jugendliche haben bereits schlechte Erfahrungen im Internet gemacht: Neue Forschungsergebnisse kommen zu dem Ergebnis, dass der Anteil der Kinder und Jugendlichen im Alter von zwölf bis 19 Jahren, die schon einmal selbst von Belästigungen, Beleidigungen oder sexueller Belästigung in Internet betroffen gewesen sind, zwischen

15 und 34 Prozent liegt[34]. Diese Art von Belästigungen, die im Internet und/oder über mobile Endgeräte (zum Beispiel Handys) stattfindet, nennt man Cyberbullying, das eine spezielle Form des Mobbings darstellt. Von **Cyberbullying** spricht man bei:

- anonymen Belästigungen im Internet, das heißt: dem ständigen Verschicken von beleidigenden Nachrichten über E-Mail, Instant Messenger, Twitter, SMS oder soziale Netzwerke im Internet;
- verunglimpfenden Gerüchten, die über Texte, Fotos oder Videos im Internet verbreitet werden;
- Ausgrenzung, das heißt, dem Ausschluss einer Person aus einer Gruppe in einem sozialen Netzwerk im Internet oder einem Spiel-Clan eines Online-Spiels (beispielsweise *World of Warcraft*);
- missbräuchlicher Verwendung einer falschen Identität, das heißt, wenn das Passwort des Opfers dazu verwendet wird, eine andere Person zu beschimpfen.

Cyberbullying und **Mobbing** gemeinsam ist, dass:
- der Täter eine schädigende Absicht hat;
- die Tat wiederholt stattfindet;
- der Täter dem Opfer überlegen ist;
- sich das Opfer dem aggressiven Verhalten des Täters nicht entziehen kann.

Das hervorstechende Merkmal dieser Mobbingform ist die Anonymität des Täters (Cyber-Bully = Netz-Tyrann) – durch das Internet muss der Cyber-Bully seinem Opfer nicht direkt gegenüber treten. Beim Opfer wird dadurch eine besonders große Unsicherheit und Angst verursacht, mit wem es es denn überhaupt zu tun hat. Schwer wiegt hier die Allgegenwärtigkeit der Medien im kindlichen Alltag. Gerade weil für Kinder und Jugendliche der Umgang mit Internet und Handy zum selbstverständlichen Tagesablauf gehört, kann Cyberbullying rund um die Uhr in das private Leben eindringen. Des Weiteren könnte das Mobbing potenziell ein grenzenloses Publikum erreichen. Wenn die belästigenden Kommentare, Fotos oder Videos einmal im Internet veröffentlicht worden sind, können sie von einer unüberschaubaren Anzahl von Personen gelesen und betrachtet werden. Eine Eingrenzung dieser Per-

---

[34] Medienpädagogischer Forschungsverbund Südwest (2012): *JIM-Studie 2012*. Stuttgart.
 URL: http://www.mpfs.de/fileadmin/JIM-pdf12/JIM2012_Endversion.pdf

sonenzahl ist nur zum Teil möglich, weil sich die Inhalte beliebig oft kopieren und auf anderen Internetseiten herunterladen lassen.

Wenn ein Kind von Cyberbullying betroffen ist, kommt es vor allem darauf an, dass seine Eltern ihm dabei helfen, die Folgen dieser Tat zu bewältigen und sein Selbstvertrauen zu stärken (siehe oben). Neben den Maßnahmen, die es gibt, um intervenierend einzugreifen, können Eltern aber auch vorbeugend tätig werden. Hier einige Tipps:

- sichere Internetseiten aussuchen. Eltern sollten wissen, auf welchen Internetseiten sich ihre Heranwachsenden bewegen. Um den Überblick über deren Internetaktivitäten zu behalten, sollten sie ihnen empfehlenswerte Seiten aussuchen, etwa Chats für Kinder (beispielsweise ◢ www.mein-kika.de oder ◢ www.seitenstark.de/chat oder ◢ www.kindernetz.de). Diese werden von geschulten Moderatoren begleitet und bieten einen Schutz vor Belästigungen;
- die kindliche Medienkompetenz fördern. Vor allem das Verhalten von älteren Kindern im Internet kann nicht mehr umfassend kontrolliert werden. Deshalb sollten Eltern bei ihren Kindern die Kompetenz fördern, eigenständig im Netz zu handeln. Im Hinblick auf Cyberbullying ist damit gemeint, dass Eltern ihren Nachwuchs für eine verantwortungsvolle und wertschätzende Kommunikation mit anderen Menschen sensibilisieren sollten, und zwar auch im digitalen Alltag;
- Sicherheitseinstellungen vornehmen. Um ihre Kinder vor Belästigungen in sozialen Netzwerken im Internet zu schützen, sollten Eltern mit ihnen zusammen dort die Privatsphäre-Einstellungen konfigurieren. Beispielsweise können bei Facebook.de Freundschaftsanfragen eingeschränkt, die Sichtbarkeit von privaten und öffentlichen Postings gesteuert oder Posting-Rechte für die eigene Chronik festgelegt werden;
- in der Schule Informationsveranstaltungen anregen und initiieren. Aufmerksamkeit gegenüber Cyberbullying kann weder vonseiten der Schule noch bei allen Eltern immer vorausgesetzt werden. Um Sensibilität zu erzeugen, sollten Eltern deshalb in Abstimmung mit den Lehrern ihrer Kinder Elternabende zum Thema anregen.

Diese Maßnahmen allein reichen aber nicht aus. Wenn man etwas präventiv gegen Cyberbullying unternehmen möchte, muss man mehr über die Täter wissen und über ihre Beweggründe dafür, solche Taten zu begehen.

Nur, wenn man diese richtig einordnen kann, ist es möglich, die richtigen präventiven und intervenierenden Maßnahmen zu ergreifen. Oft dient Cyberbullying den Tätern dazu,

- sich Anerkennung bei anderen zu verschaffen;
- Macht gegenüber Unterlegenen zu demonstrieren;
- sich der Stärke der eigenen Gruppe zu vergewissern und dort ein
- Zusammengehörigkeitsgefühl zu erzeugen.

Die Entstehung von Cyberbullying hat also etwas mit der sozialen Gruppe des Täters (und des Opfers) zu tun. Deshalb sollten präventive Maßnahmen in der Schule auch an den sozialen und kommunikativen Kompetenzen der Schüler ansetzen, um diese zu verbessern.

Weiterführende Informationen

Klicksafe ist eine EU-Initiative für mehr Sicherheit im Internet, die auf ihrer Website hilfreiche Informationen zu Cyberbullying / Cybermobbing und anderen Themen zusammengestellt hat. ⚔ **http://www.klicksafe.de/themen/kommunizieren/cyber-mobbing/** (Stand: 31.03.2014)

Juuuport ist ein Beratungsportal der Niedersächsischen Landesmedienanstalt (NLM), das Kindern und Jugendlichen Hilfe bei Problemen im Internet anbietet. Beraten wird per E-Mail durch jugendliche Scouts, die speziell geschult werden. ⚔ **http://www.juuuport.de/** (Stand: 31.03.2014)

SCHAU HIN! ist eine Initiative des Bundesministeriums für Familie, Senioren, Frauen und Jugend sowie verschiedenen Medienunternehmen, die auf ihrer Website u.a. über richtige Medienerziehung und Sicherheitseinstellungen für soziale Netzwerke im Internet aufklären möchte. ⚔ **http://schau-hin.info/** (Stand: 31.03.2014)

Acht Grundregeln für eine gelingende Medienerziehung

1. Klare Regeln zum Medienkonsum vereinbaren

Um die Mediennutzung Ihres Kindes besser im Auge zu behalten, sollten Sie Regeln festlegen, wann, wie lange und was Ihr Kind im Fernsehen sehen und am Computer sowie mit mobilen Endgeräten machen darf. Dazu sollten Sie als Eltern geklärt haben, welche Mediennutzungszeiten Sie *für Ihr Kind angemessen* halten. Ein modernes Verständnis von Medienerziehung bedeutet *Erziehung zur Medienkompetenz*, das heißt, Kinder sollen dabei unterstützt werden, eigenständig und souverän mit Medien umzugehen. Dieses Leitbild variiert jedoch nicht nur nach Entwicklungsstand und Alter, sondern kann auch bei Geschwistern unterschiedlich ausfallen, je nachdem, wie die Kinder auf die Nutzung einzelner Medien reagieren.

Praktisch gesehen: Je älter Ihre Kinder sind, desto stärker sollten sie in die Entscheidung über die tägliche und wöchentliche Mediennutzungszeit einbezogen werden. Je jünger die Kinder sind, desto stärker sollte der Medienkonsum begrenzt sein.

2. Eltern sind Vorbilder

Die Art und Weise, wie Kinder Medien nutzen, lernen sie vor allem in der Familie. Das heißt, Eltern sind die maßgeblichen Vorbilder, die ihnen zeigen, zu welchem Zweck (etwa Ablenkung, Information, Unterhaltung) sie Medien wie (etwa gezielt oder nebenbei) nutzen. Deshalb sollten Eltern das eigene Medienhandeln unter die Lupe nehmen und gegebenenfalls während der Anwesenheit ihrer Kinder ändern.

3. Verschaffen Sie sich Einblick in die beliebtesten Medieninhalte und -figuren Ihrer Kinder

Wenn Sie die derzeit beliebten Medienfiguren kennen, können Sie diese nicht nur selbst einschätzen, sondern bleiben mit Ihrem Kind im Gespräch über Inhalte. Denn selbst, wenn Sie nicht immer auf dem aktuellsten Stand sind und nicht jede Folge der Lieblingsserie Ihres Kindes im Fernsehen kennen, können Sie bereits aufgrund einiger Kenntnisse über Wesenszüge der Figuren oder Gegebenheiten in deren Welt Kontakt zum Medienalltag Ihres Kindes halten.

4. Begleiten Sie den Medienkonsum Ihrer Kinder. Haben Sie im Auge, was sie begeistert, aber auch, was sie verunsichert
Bei jüngeren Kindern (bis zirka fünf bis sechs Jahre) bedeutet dies, tatsächlich dabei zu sein, wenn die Kleinen vor dem Fernseher, vor dem Tablet oder CD-Player sitzen. Denn so können Sie die Reaktionen Ihres Kindes beobachten, ihm Rückhalt geben, wenn es etwas verunsichert, und Sie können den Ausschalter drücken, wenn es dem Kind zuviel wird. Darüber hinaus schaffen Sie ein gemeinsames Erlebnis, über das Sie sprechen können. Bei älteren Kindern bedeutet Begleitung, dass Sie mit ihnen im Gespräch über ihre Medienerlebnisse bleiben.

5. Weniger ist mehr, gilt auch beim Medienkonsum
Medienwelten, die sich Kindern in Film, Fernsehen und Internet vermitteln, sind teilweise sehr komplex. Sie sind oft in unterschiedliche historische Zeitalter oder Lebenssituationen eingebettet, die je eigenen Regeln und Besonderheiten folgen und verschiedene Medienfiguren beinhalten (zum Beispiel für das Fernsehen: Der kleine Indianerjunge „Yakari" kann als Einziger die Tiere verstehen und zwischen ihnen und den Menschen vermitteln, die kleine Hexe „Bibi Blocksberg" hat die Fähigkeit, allerlei Hexen- und Naturgesetze außer Kraft zu setzen, das Mädchen Mia aus „Mia and me" zaubert sich von der realen Welt in die magische Welt Centopia, in der sprechende Einhörner ihre besten Freunde sind, etc.). Gerade jüngere Kinder haben aber Schwierigkeiten, sich in vielen solcher Medienwelten *zugleich* zurecht zu finden. Deshalb raten wir dazu, insbesondere bei jüngeren Kindern, den Medienkonsum auf nur wenige solcher Welten zu begrenzen. Dies bedeutet

praktisch: Jüngere Kinder (im Alter von zirka fünf bis sieben Jahren) sollten besser mehrere Folgen einer bestimmten Fernsehserie sehen als wenige Folgen vieler unterschiedlicher Serien.

6. Kinder – insbesondere jüngere – lieben und brauchen die Wiederholung
Vor allem jüngere Kinder (im Alter von etwa fünf bis sieben Jahren) brauchen die Wiederholung, um Mediengeschichten selbst, aber auch ihre Details wahrnehmen und verstehen zu können sowie Unklarheiten und (zu) spannende Stellen für sich zu be- und verarbeiten. Messen Sie deshalb der Wiederholung der einzelnen Geschichten großen Raum bei. Zudem langweilen sich Kinder dieses Alters in der Regel nicht, wenn ihnen eine Geschichte in den Medien etwa sowohl als Buch, als Hörspiel und im Film angeboten wird. Denn zum einen brauchen sie die Wiederholung, um die Geschichte überhaupt verstehen zu können. Zum anderen fallen ihnen dadurch verstärkt Unterschiede in der Machart von Medieninhalten auf (Dramaturgie, Schnitt etc.). Dadurch lernen sie, über Medien und ihre Inhalte nachzudenken.

7. Medienerlebnisse aktiv bearbeiten
Medieninhalte führen zu Erlebnissen, die Kinder in ihrer Gefühlswelt ansprechen. Diese wollen beachtet, bearbeitet und ausgelebt werden – mal stärker, mal weniger stark, einmal unmittelbar direkt vor der Flimmerkiste und ein anderes Mal Tage später. Eltern müssen Kinder dabei unterstützen, ihre Medienerlebnisse fruchtbar zu verarbeiten. Dies können sie auf unterschiedliche Weise tun. Dabei ist es wichtig, von den Bedürfnissen der Kinder auszugehen, die anzeigen, ob sie einen „Rede- oder Bearbeitungsbedarf" haben. Die Richtung und Geschwindigkeit sollte dabei immer das Kind vorgeben.
– Mit der Möglichkeit des *Nachspielens* kommt zu dem sprachlichen Aspekt auch noch der körperliche Ausdruck, um wichtige Szenen zu verarbeiten. Gerade jüngere Kinder nutzen dies häufig. Zudem ist dies eine Verarbeitungsform, die Kinder gern allein oder in Form des Vorspielens ausüben.

- Kommen Sie mit Ihren Kindern ins *Gespräch* über das Medienerlebnis, lassen Sie sie erzählen, während Sie zuhören und eventuell Nachfragen stellen. Je nachdem, ob ein Kind bei dem Erlebten selbst bleiben will oder ob es darüber hinausgehen möchte, kann man die Geschichte auch „weiterspinnen".
- *Bilder malen* bietet sich ebenfalls an, um Medienerlebnisse zu verarbeiten. Bilder bieten Gesprächsanlässe, wenn Szenen nacherzählt werden, und haben den Vorteil, dass sie auch zu einem späteren Zeitpunkt noch einmal betrachtet und sogar weitergemalt werden können. Oft reduzieren Kinder dabei die Darstellung auf herausragende Elemente.
- Besonders spannend und hilfreich kann es für Kinder sein, wenn sie nachgespielte oder nacherzählte Medieninhalte als Videofilm oder Audiodokument – eventuell mit Unterstützung der Eltern – aufnehmen, um somit Medienerlebnisse besser verarbeiten zu können. Die Aufnahmen können sich dabei auf einzelne Szenen, Situationen oder Musikstücke in den Medien beziehen, die sie emotional bewegt haben. Auch das Weiterspinnen oder Neuerfinden von Medien-Geschichten oder das Verändern einzelner Szenen bereitet Kindern viel Spaß und kann bei der Verarbeitung von Erlebnissen helfen.

8. Legen Sie Wert auf gemeinsame Familien-Medien-Zeit

Viele Kinder bevorzugen es, mit einem anderen Familienmitglied zusammen Medien zu nutzen: Sie mögen das gemeinschaftliche Vergnügen. Neben dem gemeinsamen Lachen und Erleben während des Fernsehens lieben sie es auch, über das Gesehene und Erlebte zu sprechen. Und sie genießen die Sicherheit, die sie durch die körperliche Nähe der Eltern erfahren, wenn faszinierende Inhalte bedrohliche Züge annehmen. Dabei sollte sich der ausgewählte Inhalt an den Fähigkeiten und dem Entwicklungsstand des jüngsten Familienmitglieds orientieren. Dies gilt auch für die gemeinsame Nutzung von Spielkonsolen oder von Apps auf dem Tablet.

Tipps für Eltern – Tipps von Eltern

Alle Preise zzgl. Versandkosten, Stand 2014.

INGE MICHELS | STEPHAN LÜKE

Was Eltern bewegt: Die richtige Schule

13,4 x 20,7 cm, 120 Seiten

ISBN 978-3-7800-4975-9, € 14,95

Jedes Jahr stehen viele Mütter und Väter vor der Frage, welche Schule die richtige für das eigene Kind sein könnte. Das Autorenelternpaar greift diese Überlegungen auf und demonstriert Ihnen die Entscheidungswege am Beispiel verschiedenster Familien, die sie in ihrem Buch zu Worte kommen lassen. Kurze Gespräche mit Bildungsfachleuten bereichern die Diskussion und machen das Buch zu einem Ratgeber, der Eltern bei ihrer weitreichenden Entscheidung den Rücken stärkt.

Unser Leserservice berät Sie gern:
Telefon: 0511/4 00 04 -150
Fax: 0511/4 00 04 -170
leserservice@friedrich-verlag.de

www.klett-kallmeyer.de